祝每一个孩子学会学习！

U0125795

自主
学习力

刘威 著

台海出版社

序言
PREFACE

作为一名教育工作者，多年来最令我痛心的事情是：按常理来说，在这个教育产业高度发达的时代，家长培养孩子所承受的身心负担应该大大减轻才对，然而事与愿违，家长反而变得更加忙碌与焦虑。在教育孩子的道路上，巨大的金钱消耗，伴随着同样巨大的精力消耗。但即便心血耗尽，依然换不来期望的成果，中国家庭最为重视的学习方面尤甚。此等现象，也让什么是决定孩子学习成绩的核心因素的社会共识不断变化，从多年前的天道酬勤，到今天的智商至上，背后所折射出的是无数"鸡娃"失败家庭的失落与惆怅。如果养孩子养得自己披头散发，"鸡娃"使得全家鸡飞狗跳，那一定是用错了方法。

考入清北，在学业方面，算是大众普遍认可的成功标志。作为一名曾顺利考上北京大学物理专业的学生，我在收获别人羡慕与称赞之余，并不觉得此事有多值得夸耀。这绝非自谦，而是我内心觉得做到这一点其实并没有多难；这也不是在秀智商，因为我对自己智商的认知还是很清醒的，我只是个典型的稍微聪明一些的普通人罢了。学生时代，比我更聪明的同学比比皆是，他们却没有收获与聪明才智相匹配的学习成绩。我认为，自己取得良好成绩的关键是自身的学习方法和父母的培养方式。同时，正因为有感于自己天赋的欠缺，毕业之后我没有选择理论物理的科研道路，而是经过一番求索之后，义无反顾地投身于教育行业。因为我看到太多真有天赋的孩子，由于错误的学习方法和培养方式，最终沦为平庸。

一转眼，我已经在教育行业工作了二十年，在乐学一百教研中心度过了最关键且连贯的十五年。我们在培养数十万学生的过程中，不断探索本书中一开始的那个问题：到底什么是决定学习成绩的核心因素？其间，我们调研过国内众多的知名重点中学，也造访过大洋彼岸的教育"圣地"：哈佛与麻省理工的相关机构。更与包括北大教育学院在内的众多国内权威研究机构开展数据交流与研究合作，在多次承接重点课题项目的过程中屡屡获奖。十年间，我本人在全国各地开过上千场专题报告会，和广大学生及家长分享自己的教育心得与学习方法。自媒体兴起以后，我在抖音上注册账号，期待能向更多的人传播知识。没承想，不经意间我拥有了几百万粉丝，成了个非主流网红。

我一直认为，散发墨香的书籍是神圣的，而自己的学识与见地离写书还相距甚远。直到有一天，很多家长在直播间呼吁我写一本书，把自己多年来的教育心得和学习方法系统地整理成文字。那一刻，一种受宠若惊的感觉涌上心头，我真的能写书吗？随后，身边的人也给予了我肯定的答复。而且他们认为，这样其实更能体现我们作为教育者的初心，能更好地帮助更多处于困境中的学生与家长。

决定提笔之后，我想避开各种晦涩的专业教育术语和学术范儿的行文，尽可能使用质朴平实的语言。同时，我期待以教师、学生（自己当年的亲身经历）和家长的三重身份视角，来系统地阐述自己的教育理念和我认为相对普适的学习方法。我在小学时，其实是个典型的问题学生。初中在一所普通中学就读。在父亲和母亲的配合之下，我初二的学习成绩有了大幅提升。初三更是成了年级第一，并最终考取了20世纪90年代大名鼎鼎的北京四中。高中期间，我参加了各种物理竞赛，并多次获奖，于是又很顺利地升入北京大学。更关键的是，我印象里的父母虽然在教育我的过程中很用心，但远远谈不上"鸡娃"。我的家庭氛围一直很宽松且令人愉悦，该有的生活乐趣并没有因为要以学习为主而被放弃，颇有一种举重若轻之感。

多年之后，我成为人父，孩子也渐渐长大。身边的风气有了很大不同。孩子在小学阶段时，身边众多家庭为了孩子的学习简直如同现身战场一般，各种耸人听闻的传闻层出不穷。孩子们有学不完的奥数，上不完的辅导班，考不完的少儿英语等级证书。其实，这些都不过是为了在小升初时拼上一所重点中学的所谓招数。小学尚且如此，初中、高中的紧张可想而知。以家长的身份做教育，我算是一个逆行者。我的孩子不学奥数，不上辅导班，也不提前搞英语早教。孩子该有的童年乐趣和家庭生活一定不能剥夺。父母当年教育我的过程历历在目，我坚信自己的选择没有错。就这样一直按照自己的方法去教育孩子，指导他学习。同样没有错过的，还有孩子在小学毕业时名校伸出的橄榄枝。那一刻，其实我想说的还是开始那句话：如果养孩子养得自己披头散发，"鸡娃"使得全家鸡飞狗跳，那一定是用错了方法。

这本书不仅适合家长阅读，更适合小学高年级和初中、高中的学生阅读。它能带给读者的最大价值，就是告诉大家究竟什么才是决定学习成绩优秀与否的核心因素，这就是我一直倡导的——自主学习力。我会从智力因素和非智力因素等多个方面，为大家分析什么是自主学习力，以及在这一核心能力的培养过程中，父母应该扮演什么样的角色。此外，我会从语文、英语、数学、物理、体育等学科及未来畅想几个方面，更加具体地给学生提供细节化的参考指导。

学习这件事，虽然重要，但真的不难！

目录
CONTENTS

第三章
自主学习力的底层逻辑

第四章
自主学习力的基本素养

第五章
培养文科思维，基础打得实

第六章
培养理科思维，进步看得见

第七章
副科不容忽视

第一章

换个视角看学习，成为学习高手

1

学习的 4 大常见误区

提到学习误区，我感触良多，最深的体会可以用痛心疾首来形容。在我眼中，绝大多数孩子的天赋都堪称优秀，都有成为栋梁的机会，可是部分父母的错误认知，却成了阻止孩子学习成长的绊脚石。

梳理之后我发现，对孩子伤害最大的误区，有以下几个。

多学点总是好的

有句俗语叫："艺多不压身。"许多父母正是受这种观念的影响，总希望孩子多学一点。我和很多父母有过沟通，他们的观点基本一样，都觉得多学点总是好的。孩子能多学知识当然是好事，问题在于，孩子的时间、精力是有限的，而知识是无限的。即便孩子把所有时间都用在学习上，也很难把知识学完。

站在相对功利的角度来说，如果孩子学习就是为了参加中考、高考之类的选拔型考试，父母更不能眉毛胡子一把抓，对孩子的指导和训练必须有明确的针对性。

诸多案例已经证明，很多孩子小的时候学了不少东西，花了很多钱，用了很多时间，到最后却基本上留不下任何痕迹。把孩子拴在教室里，牺牲了玩耍和运动的时间，最后一无所获，这样做划算吗？

还有部分父母，给上中学的孩子报各种各样的辅导班，让孩子整日生活在重压之下。结果，孩子的成绩还不一定好。父母之所以陷入这个误区，是因为他们没有考虑费效比，没有思考投入和产出之间的关系。

在我看来，任何没有目的的学习，都不过是在白费力气。所以，在决定让孩子学什么东西之前，一定要先想明白为什么学，学了有什么用。如果父母只是为了跟风，别的孩子学什么自己的孩子就学什么，这对孩子的学习基本没有帮助。甚至于，大部分人连心理安慰都得不到。

学习要靠老师教

部分父母觉得，孩子想有好成绩，一定得有一个好老师。所以从孩子上学开始，就一直为孩子找最好的老师，并乐此不疲。对此，我不敢苟同。我始终认为，在学习的过程中，本质上知识都是孩子自己想明白的，而不是老师教明白的。尤其在理科上，表现更为明显。而且我也相信，文科学习早晚也要走这个方向。孩子想在学习上有飞跃，主要是靠自己学明白、悟明白，而不是靠老师教明白、讲明白。

打个比方，老师就像驾校的教练一样，能教孩子基本的驾驶技术，日常开车肯定没问题。但是孩子想玩漂移、搞特技，那只能靠自己去钻、去悟，教练教不出来。

遵循这个原则的最终目的，是让教育真正回归本质，这也是我一直以来的坚持。作为一个真心做教育的人，我从不会用商业模式去考量教育。我觉得，文化教育的目的，首先是为了让孩子具备独立学习的能力，其次才是传授知识。我期待的教育目标，教是为了不教，管是为了不管，操心是为了不操心，辅导是为了不辅导。

孩子一听就懂的课是好课

在传统的评判体系中，老师的课讲得好不好，与其讲课的细致度有着紧密的联系，很多老师追求的是让学生一听就懂、一学就会。

老师讲课，掰开揉碎，分析透彻；孩子听课，拾人牙慧，不加思考。这种让孩子一听就懂的课，使孩子的阅读能力、深层思维能力、归纳能力通通都没得到锻炼。从本质上来说，它是一种"溺爱课"，反而会把孩子培养成学习上的"妈宝"。

就像很多父母觉得粥容易消化，对胃有好处，所以常常让孩子多喝粥。可是，医生的观点是，总是喝粥并不好。第一个原因，粥的主要成分是碳水化合物，营养不够；第二个原因，粥太好消化，这会让孩子的消化能力一直得不到锻炼。

学生听"溺爱课"，就跟喝粥的道理一样。不给头脑一定的负荷，让它得到锻炼，它是不会越来越聪明的。我觉得，真正的好老师一定是善于"折磨"学生的，让他们的大脑负荷保持在一个比较高但可接受的状态，才会让大脑得到锻炼。

一个好老师，主要讲原则、讲原理、讲方法，剩下的要让学生自己去学、去悟，让学生的大脑费点力气去思考，他们才能慢慢拥有学习的能力。

永远把学习放在第一位

于很多父母而言，孩子的学习永远是头等大事。任何情况下，都会把学习放在最优先的位置，却不自觉地忽视了孩子德育的培养和身体的锻炼。

很多学习成绩优异的学生，连一些最基本的生活能力都没有，离开了父母就完全没法生活。他们在学习上的逻辑是通的，但是只顾学习，已经快学"傻"了。

前段时间有个新闻，说某个重点小学，学生午餐的时候吃虾，竟然一大半孩子都不会剥。很多人觉得不可思议，我却一点儿不觉得意外。因为我读小学的儿子之前也是这样，我不把虾剥好了，他都不知道怎么吃。

这样的孩子，如果不靠别人连吃饱肚子都难，还能指望他们长大之后做什么大事呢？

在现行的选拔模式下，孩子的智力因素并不具有决定性，真正具有决定性的其实是非智力因素。像自信心、自控力这类意志品质方面的特质，对孩子的学习和成长更有推动作用。

孩子的学习成绩，是父母最重的担。很多父母在学习的误区不断徘徊，荒废了时间，更耽误了孩子。

2

自觉学习与自主学习的区别

做教育 20 年以来，我一直坚持 4 个基本的指导原则：教是为了不教，管是为了不管，操心是为了不操心，辅导是为了不辅导。归根结底，它的本质就是让孩子学会自主学习。

事实上，很多父母把自觉学习和自主学习混淆了。比如，不用父母督促，孩子就能主动完成老师布置的各项任务。很多父母觉得，这就是自主学习。

其实并不是，任务是老师布置的，孩子只是按照要求去完成，这是自觉学习。

自主学习呢，是可以根据实际的需求确定自己的学习任务，自己决定自己的学习进程，并保质保量地完成任务。这个任务，不是老师给孩子的，是孩子给自己确定的。

那如何才能变自觉为自主呢？我总结了下面 3 个非常实用的经验。

相信大原则，学习是孩子想明白的

学习，一定是学生自己悟的，是自己想明白的。老师扮演的角色是教练，只能起到引导的作用。

本人创立乐学一百，研发引导孩子主动思考的技术，就是为了解决"提倡简单落实难"这个难题。

我的父亲，初中学业没学完就去当兵了。后来，他通过自学，考上了大学。听我母亲讲起这事的时候，我还挺惊讶的。当时，我父亲在部队，上进心很强，每天都抽出时间看书。遇到不懂的地方，他就找专业技术人员请教。就是通过这样的方式，我父亲考上了西安空军工程大学。

后来，令我更惊讶的是，一样没能完成初中学业的母亲，也凭借自学考上了大学。

我父母初中都没毕业，他们凭什么能考上大学？主要就是靠自主学习，不懂就去问。我能考上北大，其实走的也是自主学习这条路。

我初中的学校很普通，每年能考上重点高中的学生屈指可数，而我却通过自主学习，考上了北京四中。

后来，我走访了很多超级中学，以及后来我考上的北京大学，我的体会都是一样的：学生自我修炼的核心环节不仅是坐在书桌前，一个人安安静静地读书，而且要边读书边思考。

只不过，这样的学习并不是在学校课堂上完成的，而是一个人在家、图书馆或宿舍修炼的。这个修炼，是独自认真读书的同时，不断地进行自我提问和思考，逐步建构属于自己的知识体系。

老师讲课是辅助建构，做题是检验建构，但都不能取代自我修炼这个核心的知识建构过程。有些学生辛辛苦苦读了很多年书，就因为没有这个核心的学习过程，所以成绩一直上不去。

家长内心相信这个大原则，是培养孩子有自主学习理念的第一步，也是非常重要的一步。

用教参，从老师的高度和视角去学习

我上初中的时候，有一个学习的法宝，就是跟老师借的教参。教参真的很好用，能帮我站在老师的视角去理解所学的知识。后来，我发现很多优秀的学生都用教参。

很多学生觉得教参是老师用的，跟自己无关。但是到了重点高中，我发现利用教参可以让我们的视野和思想跟老师站在一样的高度。这些学生普遍都有很强的自学能力，原因之一就是他们站的高度更高。

在北京四中的时候，没有早自习和晚自习，老师也不留作业，教参和其他教辅书就是学生自主学习的最好工具。因为老师们一直贯彻的核心理念，就是提倡学生们自主学习。

北京四中的老师，常常淡化自己的角色，提倡学生多读多思。而且，老师不是讲知识，而是讲高观点。通过高观点，去引导孩子积极思考，自主学习。

不愤不启，不悱不发

"不愤不启，不悱不发"这八个字，意思是"不到学生努力想弄明白，但仍然想不透的程度时，不要去开导他；不到学生心里明白，却又不能完善表达出来的程度时，不要去启发他"。它是孔子教育学生的原则，强调了学生自主努力的重要性。

如果学生自己不动脑子，老师再怎么启发都是无用的；如果学生真的想动脑子，有了强烈的动力，被激发出了好胜心、好奇心，他就会产生强烈的求知欲。有了求知欲，学生才会慢慢养成自主学习的习惯。

当然，在不同的年龄段，要有不同的学习方法。

第一，在低龄阶段，也就是幼儿园之前，我们主张孩子不要过早地进入课堂学习，倡导的是自然学习。什么意思呢？就是在自然的状态下教孩子学习知识。

比如，在大街上让孩子看路牌，告诉他上面是什么字，通过这种方式激发孩子的学习兴趣。数学也是一样，十以内的加减法，孩子在生活中就能学会，根本不需要提前到课堂上去学。

第二，孩子上了一年级以后，学习成绩取决于做的事情到不到位，跟他学龄前有没有进行幼小衔接没什么必然联系。在学习的各个阶段，这个道理都是一样的，提前抢跑，对成绩提升并没有多大帮助。

当然，一、二年级很重要，尤其一年级是父母需要重视的。因为一年级的知识相对简单，父母普遍都能帮得上忙，也能了解孩子的掌握情况。家长参与进来帮助孩子，孩子就更有可能取得一个较好的成绩。这会让孩子在班集体里获得一个较高的心理锚定，自视为优秀生的孩子的学习动力会更强。

第三，三、四年级，是孩子记忆力开窍的第二个黄金期。这个阶段，孩子对文字很敏感，如果能培养出孩子的阅读兴趣，让他们跟书成为好朋友，自主学习的教育就成功了一大半。

第四，从五年级到初中阶段，需要有意识地引导孩子获得更多的成就感。

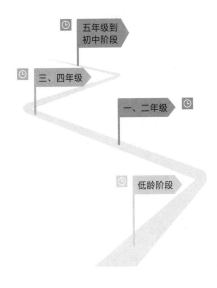

自主学习需要强烈的动机，而成就感是学生自主学习的最大动力。很多人觉得，是兴趣决定了成就，所以兴趣才是最大、最重要的潜在动力。

可是在我看来，"兴趣是最好的老师"不过是个伪命题，多数人都是有了成就，才会产生强烈的兴趣。就好比孩子们为之沉迷的游戏，如果孩子打一款让他们挫败感强烈的游戏，多数孩子都会在尝试之后再也没兴趣玩；反过来，兴趣也会驱动成就，从而形成正向的双循环。

兴趣确实可以培养，但真正进入学习的阶段，失败会把兴趣打没。学习中有一个很重要的问题，是如何制造成就感，多长时间可以制造出成就感，能给孩子制造出什么样的成就感。比如，在自己的优势领域，孩子会有比较多的成就感；越快发现优势领域和展现优势，孩子就越有成就感；为孩子在优势领域创造展现的机会，就是给他成就感。消除了上述这几个困扰，给孩子带来真正的强烈的成就感，对孩子自主学习力的培养，就会变得简单得多。

3

学霸是这样练成的

每个父母都有"望子成龙，望女成凤"的期待，很希望自己的孩子能变成学霸，变成"别人家的孩子"。

那么，学霸通常具备什么样的特性？他们是怎么学习的呢？

我们仔细分析一下，就会发现，考上清华、北大的学霸们，其实都有几个共同的特点。

会算账，得到正向反馈

我常常说，孩子要想学习好，先要把账算清楚。

怎么算账？这要用到一个物理学公式：位移＝时间 × 速度。

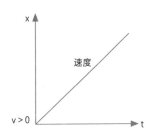

简单理解的话，就是学生想在成绩上产生位移，就要找准方向，付出一定的时间，并保持相应的前进速度。

那么要做的事情就简单了。先找到最终的目标，比如要考上北大需要多少分？然后再进一步思考：我还差多少分？我还有多少时间去努力？提分的速度应该是怎样的？我的提分速度能不能达标？

我当初考北大的时候，就是这么做的，算完账之后，发现这个事情并没那么难。努力一个月之后，我发现确实有明显提高。再努力一个月，发现又提高了。就这样一个月一个月地累积进步，最终的大目标也实现了。

普通学生也花费了时间，在不停地努力，可是他们没把账算明白，不知道进步了多少，无法得到明确的正向反馈。没法给自己准确评估，就无法得到正向的激励。

现在的问题是，很多父母和学生根本不认可这种理念，他们更相信"书山有路勤为径"之类的精神激励。其实这何尝不是一种思维上的懒惰？埋头苦干其实不难，多动脑子把账算清才是最辛苦的。要改变这种现状，确实需要一定的时间，但作为自主学习的探索者，我愿意为之付出和努力。

总任务量有大致的框架

在学霸脑子里，学习的总任务量基本上是有轮廓的，他们知道学到什么程度就可以了。包括学习的范围、知识的难度、个人的水平等，都有一个大致的框架。

普通学生头脑中就没有这个框架，他们的总任务量和学习范围不是大到无穷无尽，就是小到可以忽略不计。

比如，在选择辅导书的时候，学霸一般只买几本自己最需要的，把那些书读透；普通学生和他们的家长只要听到别人说好就一股脑儿地都买来，崇尚"韩信点兵，多多益善"的做法。

对学霸来说，学海无涯不是什么都学，而是在无涯的学海中有选择地学。辅导书过少或过多都不可以，一本辅导书当然不够，但也不是多多益善。讲解性质的、知识点性质的、例题性质的辅导书，各选一两本，这就足够了。穿插使用，采众家之长，基本上就够了。

学霸知道自己需要学习多少知识，知道在哪一步应该学什么，知道应该学到什么程度，他们还会给自己留出一定的余量，让自己有持续进步的空间。这些都在他们头脑的框架之中，学习的时候按图索骥，会比普通学生学起来更加省力。

在学霸的框架中，预习是非常重要的组成部分。他们会留出足够的时间去预习，但是不会无限超前。

一般领先正常进度两个高度，是最好的状态。打个具体点的比方，就是至多 6 岁干 8 岁的事儿，8 岁干 10 岁的事儿。如果父母逼着孩子去过度地超前学习，孩子往往是不愿意的。如果能让孩子清晰地认识到，超前学习是有限度的，学习的任务总量也是有限度的，也就是让孩子形成框架意识，他们会更容易变成学霸。

用功学习的正确理解

很多学生都很用功地学习，但学习成绩一直没有提升，究其原因，是他们对"用功"这两个字的理解出了问题。

在物理学上，功的计算公式为：功（W）＝作用力量（F）× 做功行程（S）。也就是说，做功的多少，取决于作用的力量和做功的行程。这个公式里，F 和 S 都是变量，普通学生习惯用最小的 F 乘以最大的 S，而学霸则习惯用最大的 F 乘以最小的 S。

什么意思呢？普通学生习惯看到一条路径之后就开始用力，看似在下苦功，其实是一种偷懒的表现，因为他们不愿意去思考，没去想怎样找到最优解。学霸就不一样了，他们喜欢找捷径，把大部分的力都用在了找最短路径上，看起来他们是投机取巧，或者说做了很多无用功，但是一旦找到最短路径，后面就会很省力。

学霸找最小的 S，其实就是避免绕弯子，少做一些无用功。

很多人会有一种错觉，反正"条条大路通罗马"，也许需要的作用力量 F 小了，看起来是省力了，但是做功的行程 S 变大了。

"功（W）＝作用力量（F）× 做功行程（S）"这个公式是在理想状态中才能成立的，在现实中必然会有所损耗。做功的行程越长，损耗就越大。拖得时间越久，学习的效率就越低。

选择的路径越准确，行程越短，做功越高效。我们常说要做千里马，什么叫千里马？不是说每天都得跑一千里，那样什么马都得累死；而是说在找到最佳、最短的行军路线后，需要冲锋的关键时刻，千里马比其他的马跑得快，有时候快人一步仗就打赢了。

更可怕的是，路程长带来的最大的损耗还不仅仅在于知识的掌握上，更多的是对学生自信心的损耗，学生努力了很久都见不到效果，他们会丧失自信心，而自信心对学生的学习和成长都至关重要。

所以，真正的用功并不是拉车不看路，上来就用尽全力；而是先找到最优路径，再去用力，这样做的功，效率最高，价值最大，对学习最有用。

学霸的练成，需要天分，也需要时间，这是一个综合工程。真的成了学霸，他的身上就会出现这些典型的特征。

独立思考，不盲从

很多中学后逆袭的学霸，小时候几乎都有一种不盲从的个性。这一点是受到老师普遍认可的。对这类孩子，父母应该怎么做？当然应该尊重孩子的想法，鼓励孩子表达自己的观点。

一个学霸，一定是善于独立思考的。独立思考是优秀学生的必要品质，也是未来人才的必要品质，更是能逆袭的孩子身上必须具备的优秀基因。

文字学习者，靠阅读而不是靠听

学霸是文字学习者，而不是语音学习者。文字学习是什么意思？多阅读，看文字来学习，而不是靠听课程来学习。一个知识点，听老师讲话的时间太长了，浪费不起，学霸会自己看，并且提出问题。遇到不太明白的地方，学霸可以随时停下来思考，但只听老师讲的话，是没法停下来思考的。而且，文字本身就是一种复杂的编码，读文字的过程就是解码过程，会刺激大脑思考；读文字比听讲解的学习效率更高。

自我归纳总结能力

学霸往往具有强大的自我归纳总结能力，可以对所学的知识进行有效的梳理，构建自己的知识体系，形成个人的知识网络，演化出适合自己的学习模式。通过归纳总结，学霸的学习变得更加系统，更加高效。可以说从小学五年级开始，一直到学业结束，学霸和普通学生在学习方法上拉开距离的原因就是不同的自我归纳能力。

对寻求最佳路径上瘾

从某种程度上来说，学霸都是懒人，会想方设法找到最佳路径，并对此非常上瘾。学霸的思维能力往往都很强，任何事情都去找最佳路径，可能会比普通人的思考力多个上百倍。普通人呢，喜欢强调努力和勤奋，为什么？就是因为他们的思考力不够强大。

我经常会举一个联合收割机和镰刀的例子，也就是说你不用为了证明自己是个勤奋者，就非得放着联合收割机不用，偏要用镰刀"咔咔咔"地割麦子。

学霸不会做这样的蠢事，他们一旦找到必须要干的事儿，勤奋程度是普通人比不了的。我一个朋友说他上清华的时候，有编程课。当时电脑很原始，学生们学习写算法程序，在课堂上最短写了24句，回到宿舍以后，这些学霸就开始发疯了。

这个人说我23句就能写完，那个人说我22句就能写完，又有人说我18句就能写完，最后有人仅用14句就写完了算法程序。这就是学霸的特点，喜欢找最优路径去学习。

按照奥卡姆剃刀原理，如无必要，勿增实体。也就是说要尽可能地精简，不断尝试找最佳方案。学霸就对这样的事情上瘾，像有强迫症一样，非要找到最优解，这事才算完。绝不凑合。

4

构建系统学习的模型

孩子学习成绩差的时候，很多父母首先想到的，可能是让孩子参加辅导班，这想法是不对的。因为大部分的辅导课，对孩子的帮助非常有限，学习效果不好。最好的办法，应该是帮助孩子构建学习系统。

构建学习系统，必须从书本出发，把书看明白了，吃透了，系统的知识体系才能不知不觉地建构起来。

目前教材的编写相对来说是比较系统完整的，可以更好地促进孩子构建学习系统。

当然，想构建系统学习模型，只听老师讲课的话，知识还是稍显碎片化的。尤其是奥数之类的知识，有些老师为了应对奥数比赛，讲得更加碎片化，并没有太多系统化的知识。对孩子来说，去报班学奥数的意义只是多了一个"牛娃"的心理标签。

自我精读的文字学习就不一样，我之所以推崇它，是因为我发现它对构建系统学习模型非常有效。

从学科的角度来说，语文老师甚至是语文教材，都很难像数学一样建立起相应的体系。这给语文学习确实带来了很多困难。

数学之类的理科呢，其实体系是在的，但是大部分学生没有系统地掌握知识。要解决这个问题，就是要好好看书。用过脑子的方式，把基础知识全部过一遍。

有一次我直播的时候，一个观众说，语文和数学的学习方式是不同的，语文学习是归纳，数学学习是演绎。我说不对，在学霸的世界里，语文和数学都是演绎，不单单是积累和归纳总结。然后我给他解释了一下，他说，原来如此，难怪我没考上北大。什么是归纳？什么是演绎？说白了归纳就是找规律，演绎就是用规律。

语文学习和数学学习一样，在前期都要把最短路径找到，归纳出一个普适原则之后，就按照这个原则去演绎应用，并根据应用的反馈来修正自己之前归纳的规律。

但是现在的实际情况是，大部分的学生在学习的时候都没遵从这个根本。今天老师讲了这个知识，积累一点；明天老师讲了那个知识，又积累一点。一直在不断地积累，一直处在积累的状态，却没有对积累的知识进行自我归纳总结，发现普适性的规律。归纳这项工作没做到位，学习模型自然是不系统的，应用规律就更加无从谈起。归纳环节就是找规律，连这个环节都没有完成，还谈什么使用规律呢？

学习永远不能是单点的、发散的，只有系统性的学习效率才更高。一旦孩子完成了自我归纳环节，找规律其实就简单了。当孩子进入了找规律的境界，想不当学霸都不成。但是我还要强调一下，只有自我归纳的规律才是真正的学习能力，如果是老师帮你总结归纳的，你只是单纯地记住，是无法把你送到学霸高度的。

当然，找规律也是有层级分别的。一般来说，有两个层级。

第一个层级：找知识层面的规律。

这个层级的要求相对比较低，大部分孩子都能做到。孩子对知识有基本的认识，能正确地掌握和运用知识，就能找到各种知识的表面联系，把相关的知识整理在一起。

第二个层级：找学习方法层面的规律。

找到学习方法层面的规律，对孩子有更高的要求，往往只有学霸才能做到。在自学的过程中，寻找最短路径是由元认知决定的，

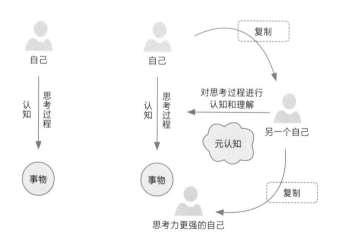

是通过归纳演绎实现的。这个能力不仅在学习中可用，在工作中同样有施展的空间。培养最硬核的、最强大的自学能力，这就是教育的价值所在。

学习成绩好的人，跳跃性思维会比较强。学习的时候，可以从一个知识点跳到另一个知识点，但是无论怎么跳，都能跳回最初的起点。我无法简单地说跳跃性思维对学习是好事还是坏事，但是我看到了很多事实，学习好的人确实思维都挺跳跃。

头脑中有系统学习模型的孩子，跳出去之后还能拉回来；没有建立系统学习模型的孩子，跳出去之后头脑就乱了。其实，在各门学科的学习中，我都很赞同建立系统学习模型。

有些孩子，看物理书，就像看小说一样，翻翻就过去了。这样学习，最多是认认字，看看热闹，对知识的掌握非常有限，这绝对是不行的。

真正的学习，一定是需要动脑思考的，思考之后才能找到系统化的解决方案。尤其在理科学习中，要不断地进行自我提问，通过这种方式去解决大部分的学习问题。

有经验的学霸，对每一个新知识都建立设问层级，一定有自我判断包括其中。比如，学习一个定理，他首先要搞清楚概念是什么，接着考虑定义有没有附加条件，然后要想着怎么证明这个定理，推导过程是怎样的，等等。

通过这些系统性的问题，就能推出一个比较基础的知识模型。当然，学习模型的建立，需要层层推进，需要经过不断的验证和推敲。

具体的发展层次，有以下几个。

能用自己的语言，讲得别人能听明白

学习模型的建立过程首先是孩子总结和梳理过程的外化，能用自己的语言讲出来，而且让别人听明白，才能说明孩子是真的理解和掌握了。这可以说是最基本的要求，一定要达到。孩子如果能做到这一点，起码成绩不会太差。

能系统总结所学的知识

很多初中、高中学生，老师问他知识掌握了多少时，他只会很熟练地把公式背一背，但是他没法用自己的语言把这个公式背后的道理说明白。而有的学生不仅能总结出一章里有多少概念、定理、定义、题型、方法，还能准确地、条理清晰地把知识的来龙去脉说出个子午卯酉来，这就算比较优秀了。能做出这样的总结，说明他进行过梳理，已经有基本的系统学习模型了。

能在系统中跳出和跳进

所谓系统，就是一条从头走出去的路径，具有完整的结构。所有的知识、所有的路径，在孩子的头脑中都有清晰的标记。孩子可以游刃有余地摘取、运用，可以从一个知识点发散到另一个知识点，可以将所有的知识融会贯通，可以在这个系统内让各个知识点之间轻松地跳出和跳进。这个层次，只有少数的学霸才能达到。

系统学习模型的搭建，是孩子在自主学习中逐渐摸索和总结的成果展现，对孩子的学习和未来发展都有积极的意义。根据孩子所属的层次，帮助他们建立相应的模型，孩子的学习成绩会直线上升，达到他们天赋允许的上限。

5

逆袭的机会并非人人都有

一提到逆袭，很多人脑子里出现的都是各种超级励志的画面。从排名倒数第一到名列前茅，从考试不及格到轻松拿到满分，等等。类似这些情况不能说绝对没有，但是极为罕见。真正能实现这种逆袭的人，不仅天赋异禀，当初他们的低迷也是有客观原因的。

对于大多数普通人来说，是极难实现这种逆袭的，切不可作为自己现阶段躺平的心理安慰剂，自己躺平幻想将来能实现逆袭，这不叫美好期待，而叫白日做梦。

在当前的环境下，中考、高考其实要求不高，远没达到选拔天才的程度。孩子虽然天赋不高，但是只要孩子的配合度够高，再通过一系列的训练，还是能够取得非常好的成绩的。从某种程度上来说，学习其实是一种高度技术化的训练。

当然，也不是人人都有逆袭的机会，想要逆袭是需要一定条件和方法的。

逆袭需要触发点

从本质上来说，逆袭是一种心理状态上的变化。孩子产生逆袭的想法，不是睡一觉起来就有了，而是一定有一个特殊的触发点。如果没有这个触发点，那逆袭大概率不会发生。

首先，孩子一定要看到自己有转变的机会。他觉得自己能变成更优秀的人，主动想要改变，才会产生逆袭的动力。

其次，孩子在关键时刻需要超强的成就感。在转变的关键时刻，孩子需要成就感的刺激，成就感越强，刺激越强烈，孩子逆袭的机会就越大。

最后，逆袭不是别人不跑，而是在别人跑的时候去逆势超越。从物理学角度讲，他得花比别人更大的功夫才行。

在现实生活中，《龟兔赛跑》的故事根本不存在，没人会狂妄到彻底停下来等你超越，尤其是在如今这样的社会里。

逆袭的两个因素

逆袭有两个重要的构成因素：一个是动机；另一个是路径。这两个因素都具备了，就有很大的机会逆袭。

所谓动机，就是看到自己的转变，看到自己的机会。

至于路径，是正确的学法，通过学法看到机会，利用这个机会持续发力，进而不断优化路径，在这样的良性循环中，逆袭就会发生。

对于想要逆袭的孩子来说，最大的问题在于，只有心动却没有行动。给孩子请个心理辅导师，到家里来一番热情激励，孩子当时会热血沸腾。当天晚上，孩子好像有使不完的劲儿，可超不过三天，就被打回原形了。

心理辅导师自己很清楚，这种激励作用，长的十天，短的半天就失效了。他们确实解决了动机的问题，但是动机的维持，其实需要考虑孩子自身对变化的感知。就像治病吃药，要自己观察有没有效果，三天没效果，就没信心再吃下去了。除了看到效果，还要看方法是不是可持续。三天三夜不睡觉，成绩确实能有所提升，但它不可持续。

从最早开始做教育，我坚持的理念就是给多不如给少。不给成绩一般的孩子太大的压力，让他们面对一些可以承受的变化。每一个月，每一章内容，我会给学生提供 28 道题作为总结。让孩子把这些题型吃透，这样的变化他们承受得了，而且足以让他们觉得自己很牛。他们原来的成绩是不好，但是他们看到自己只用了这么一点力，就有了效果，自信心就有了。

所以，父母一定要知道，逆袭，基础只是一方面，即使基础不错，没有让孩子心动的动机，逆袭也不会发生。有了动机，没有最佳路径，逆袭也无法实现。也就是说，逆袭不能忽视动机，更不能忽视手段和路径。

不要轻易开启逆袭

在传统的教育理念中，有很多"失败是成功之母""尝试是成功的开端"之类的口号。老师和家长们鼓励孩子多多尝试，相信风雨之后终会见到彩虹。可是，他们忽视了很重要的一点：在不断的失败中，孩子的自信心会受到极大的打击。

在某所重点中学，我曾经跟一些高中生说过，每个人都要珍惜自己受到挫折的次数，人生一个阶段连续三次受挫，可能就趴下了，再也起不来了。因此不能轻易下决心开启逆袭，轻易地下决心就可能轻易地失败。

很多父母和老师，一次次地激发孩子逆袭的动机，却不告诉他们逆袭的手段和路径。孩子一次次失败、一次次头破血流，总是失败却见不到成功，他们一定会失去逆袭的斗志和信心。我一直觉得，成功之母并不是失败，而是成功。从胜利走向胜利、从成功走向成功，才能让孩子充满自信，这是逆袭的基础所在。

那么，具体到实践中的话，孩子应该怎么做才能完成逆袭呢？

首先，成绩要保持中等偏上。

如果孩子的成绩太差，通过训练，他确实能从差到好，但是很难到达学霸的地步。因为学霸是要建立系统学习模型的，孩子成绩太差，可能连基本的知识都掌握不了，还怎么要求他变成学霸呢？

具体来说的话，小学成绩差不多就行，平均成绩 95 分足够满足中学的需求。小学生考 90 分以上，应该不是什么难事。但如果 90 分都到不了，到了中学想逆袭成为学霸是很难的。

其次，想提分就要把该做的事情都做了。

在小学阶段，多数孩子的智力水平是相差无几的，成绩差不是因为脑子笨，是因为该做的事情没做到。比如，预习、听讲、复习、做作业、复盘改错等，这些基本的事情一定要做，这些做到了，孩子的成绩自然能上去，这种逆袭，并不需要太多的技巧。

最后，所有知识用过脑子的方式捋一遍。

在构建系统学习模型的过程中，用过脑子的方式去梳理知识，是非常重要的一个步骤。想要逆袭，它也是很实用的一个方法。在脑子里把所有的知识都捋一遍，巩固、吸收，再内化成自己的知识。在这个过程中，孩子对知识的理解就更深刻了。

对于那些成绩差到考高中、考大学无望的初三、高三毕业生，其实也并非没有机会。他们唯一逆天改命的做法就是用过脑子的方式把中学各科所有知识点事无巨细地捋一遍，一般来说完成这项工作一个学期足矣。

逆袭的机会不是每个人都有，也不是每个人都能正确把握。但是必须摆脱一些错误的教育理念，对父母和老师及学生来说任重而道远。

刘老师宝库：我的初中逆袭之路

在别人眼里，我一路考上北大的求学历程，是非常典型的逆袭之路，我是一个难得一见的逆袭者。我自己并不觉得有什么，但梳理了那段时间发生在我身上的事情之后，我发现很多事情确实具有不可复制性。

小学的时候，我是老师眼中的反面典型。比较调皮、不听话、不守纪律、配合度不高。很多老师都不喜欢我，说我度过了一段黑暗的小学时光，也并不为过。

但是我的考试成绩并不差，努力一下，可以到95分以上；不努力呢，也不会低于85分。虽然我不爱枯燥的课堂，但也能守住自己的分数底线。

我母亲说过我，刘威，你知道吗，小时候只要你说考试要考100分，那你一定能考100分回来。但是你不想学的时候，谁说再多都没用。

老师对我的评价是，这孩子挺聪明，很有才，就是不听话、不配合。我从小就是这样，有自己的想法，能独立思考。

有一次，我被老师在课上点名，老师说别的同学背圆周率能背到 3.1415926，可是我什么都记不住。我不服气，当天晚上就回去背，第二天就给老师背到了小数点后的 100 位。

后来想想，这应该是我的好胜心发挥了作用。我可以不学，但是接受不了别人说我学不会。在整个小学阶段，我对数学都不太感兴趣，不喜欢学。对各门学科，不喜欢就是不喜欢，喜欢就是喜欢，学习的时候很随心。

数学上，小学时候我唯独对应用题特别感兴趣，分析应用题其实一直是我的强项。只要我们班上有讲应用题的课，一般我就不给班里其他人机会。老师出了题，我肯定第一个交。好多成绩优秀的同学说我用计算器了，可是我都没见过计算器。

小学毕业的时候，我的综合成绩也就中等偏上，上了一所很普通的中学。普通到什么程度？这所学校初中部每年能考上当地重点高中的学生，屈指可数；高中部每年能考上大学的学生，两只手也能数得过来。

在这样一所学校，我初一入学的时候，班级排名还在十名开外。当然了，初一的知识还是很简单的，除了依然不喜欢数学，历史、地理、生物几门副科的成绩还是很好的，尤其是生物，我很喜欢。

到了初二，新加了物理这门课。基本上从初二第一次物理考试开始，直到高考，我的物理成绩一直名列前茅。我的"江湖地位"一下就建立了起来。加上初二有结业会考，把地理、历史的满分成绩都加进来之后，平均成绩达到了94.8分，一不留神我就成了班里第三名。

初三那年，又加了化学课，它跟物理差不多，我学得也很好。然后我就觉得，数学可能也有救，于是对数学也不那么抵触了。

我忽然意识到，在某学科一直得到正向反馈的时候，它会带来优势心理，然后扩展到其他学科，于是所有的学科就都能学得好了。

初三的时候，有一件让我印象特别深刻的事。刚开学，老师就说现在是毕业季了，每个人都要定一个目标。我想着，初二平均成绩都94.8分了，初三怎么也得进步一点，就把目标写成了平均成绩95分。老师把所有同学的目标做成榜单张贴出来之后，我发现我的目标是最高的，连班级第一名都没写这么高。

因为老师说过，初三的难度一定比初二高，所以其他人都很保守地调低了预期。我不一样，我的性格跟我母亲一样，一件事只要有八成的把握，我就敢说十成，我觉得总得给自己留点上升的空间嘛！可是大部分的同学跟我父亲的性格是一样的，一件事有十成的把握，只说八成，就怕做不成被人笑话。所以呢，这张目标成绩榜单一贴出来，在同学们眼里，我就跟傻子一样，只会瞎吹牛，成了他们的笑柄。

但是期末考试成绩出来的时候，所有嘲笑我的人都傻眼了。6门功课满分600，我的总分是576分，平均成绩将近96分，老师说我的年级成绩和另一位同学并列第一。再去看那张榜单，我是班里唯一一个实际成绩超过目标成绩的。

后来化学卷子发下来，我发现有道题老师判错了，找到老师，他又给我加上 6 分，总分成了 582 分，我独占了年级第一的宝座。老师说，这个成绩是学校历史新高。在短短的三年里，我真是悄无声息地就实现了逆袭。在这之后的每一次考试中，我的成绩基本都保持在 580 分以上。到中考的时候，我的成绩达到初中历史巅峰——592 分。只差 8 分，我就能拿到满分了。

在我们学校的历史上，从来没有这么高的成绩，到目前为止，还没有学生打破我的校史纪录。

总结我初中三年的逆袭经历，有几个关键点我可以跟大家分享一下。

个人能力需顶级

我小学的成绩不算好，但至少保持在中上等的水平，这是底线。而且，教过我的老师基本把我的学习能力归为顶级学生的行列。说这孩子不是学不会，而是不想学，但是基本功不差，想学了随时能学好。一旦有逆袭的触发点，就可以快速实现逆袭。

独立思考的能力很重要

在学霸身上，独立思考是一种特质。想逆袭，同样要有独立思考的能力。不能什么都听老师的，要学会批判性地去看，看看老师的逻辑能不能讲通，对的就听，不对的就去纠正。

好奇心很强

能逆袭的人，有充足的好奇心，对各种知识都感兴趣，广泛涉猎，知识面比较宽。在好奇心的带动下，爱动脑筋，敢于摸索。

有好胜心

所谓好胜心，不是什么都争，而是做不好的事情可以不争，做得好的事情一定要争，把它做到极致，甚至不给别人争的机会。

有竞争意识

初二的时候，我们班没有一个学生能排进年级前十。我一路逆袭上来，班级的第二名和第三名也跟着努力起来。最后我上了北大，他俩一个上了清华，另一个考上了北航，我们是很好的朋友，在竞争中互相促进，共同成长。

第二章

给孩子创造良好的学习氛围

1

有效沟通，创造和谐氛围

　　良好的教育氛围，与家庭成员之间的有效沟通有着密不可分的关系。要培养优秀的孩子，父母必须建立统一战线，保持理念上的高度一致。

　　我看过一个报告，说是在夫妻生活中，90% 以上的人都认为是对方的基因和不良习惯影响了下一代。在家庭教育不成功的时候，这真的是一个很好的甩锅理由。

　　但是，这样做有什么意义呢？创造良好的家庭氛围，应该遵循以下几点。

全攻全守，通力合作

　　对孩子的教育，是父母双方的事，彼此的分工不必泾渭分明。发现问题时，与其停下来无端指责对方，不如自己行动起来，把这个局破掉。

比如，给孩子做饭是母亲的事，陪孩子锻炼是父亲的事。母亲不在家的时候，就让孩子饿着吗？父亲出差的时候，孩子就不用运动了吗？

稍微动脑想一想，就觉得这种分工很荒谬。父母对孩子的教育，应该采用荷兰足球著名的"全攻全守"战术，两者统一思想，积极配合，互相补位，才会有最好的效果。

家庭教育里面，统一战线是一门战术，很多对立不是道理上不统一，而是情绪上不统一。尤其对女性来说，她们的情感更细腻，容易受情绪影响。换个方式去沟通，可能对方就同意了。

举个简单的例子，一个学生一边学习法典，一边抽烟。老师看到了，对他批评教育："看法典的时候还抽烟，太不像话了！"另一个学生问老师："那我抽烟的时候看法典可以吗？"老师想都没想，说："那当然没问题了！"

同样的事情，不同的表达，效果就不一样。我们是人，不是冷冰冰的机器，是有主观情绪在的。从个人的角度来说，每个人都有自己的一套逻辑和道理。"公说公有理，婆说婆有理"，互相指责、埋怨是没有意义的。

客观描述，不加评判

人对不良评价最为敏感，对良好的评价反而最不敏感。也就是说，你表扬他，他觉得理所应当；你批评他，他就会情绪爆发。所以说，在沟通的时候，坚持客观描述、不加评判的原则，才是明智的选择。

很多父母不知道怎么跟孩子聊天，我可以介绍一个打开沟通局面的好方法——聊八卦。

有一次，我出去旅游，导游介绍当地的特产，说："我们这里盛产咖啡，这里的人最大的爱好就是喝咖啡，聊是非，一聊就是一下午。"我一听，聊八卦是所有人的爱好啊！

父母跟孩子聊聊八卦，其实也没什么，往往这个局面就打开了。这总比跟孩子一本正经地聊学习，孩子什么都不想说要好得多。先跟孩子聊点八卦，聊点他感兴趣的事情，不经意间加一些重点想说的东西，点拨一下学习，孩子更容易接受。

在别人眼里，我父亲是一个特别八卦的人。他给身边的人基本上都起了一个很贴切的昵称。而且，这些昵称人家都不反对，觉得很有意思。我就很佩服他这一点。他深知人性，能对每个人的性格进行剖析，入木三分，然后用一个昵称来替代。他给人起的昵称，没有评价性质，只是很客观的描述。他夸赞别人，从无阿谀之嫌，但是却能润物细无声，令对方极为受用。因为我父亲不仅有丰富的谈资，而且和他聊天让人非常舒服。

跟孩子沟通也是一样，父母不能总是讲一些深奥的话题，整天都是一本正经的，那样孩子也不会有兴趣和他沟通。

宽松氛围，学会赞美

在传统教育中，父母都是很内敛的。对孩子，通常是以批评为主，极少赞美。尤其是在外人面前，更不会主动赞美孩子。

很多母亲，只要看到孩子闲下来，就说孩子不干正经事。大人工作累了也要休息一下，更何况孩子呢？可是，就是有很多父母，见不得孩子在形式上闲下来，就一定要他保持很忙碌的状态。不然就看孩子不顺眼，气不打一处来。一旦父母看孩子什么都不顺眼，那沟通的基础就没了，其他又从何谈起。

我爱人最初就接受不了我父母跟我整天扯闲篇和不断鼓励、表扬这样的教养方式，觉得很别扭。她是在压抑的教育环境中成长起来的，从小和父母之间的沟通就很少，也很少得到表扬。正因如此，她也很少表扬我们的孩子，甚至造成了母子情绪对立的局面。还好我及时拿起父亲对待我的法宝，很快走进了孩子的精神世界。这也是进一步进行教育，让孩子不发生叛逆的基础。

有的父母觉得，对孩子的埋怨、批评，只不过是说说而已，自己就是刀子嘴、豆腐心。要我说，"刀子嘴、豆腐心"真是一句害人的话。父母觉得只是随便说说，孩子却当真了，这样的沟通，效果能好吗？

我们说，相对宽松的社会环境是经济发展的必要条件。同样的道理，相对宽松的家庭氛围也是培养学霸的必要条件。父母整天苛刻孩子，一定要让孩子忙起来。形式上的忙碌、言辞上的苛刻对学习毫无促进作用。相反，相对宽松的家庭氛围，恰恰可以让孩子体会到家庭的温馨和学习的乐趣。

2

父母要当孩子的教练

做孩子的第一任老师，这是对父母的最基本要求。可是，父母不能一直都做老师。在孩子逐渐长大之后，父母要学会当好孩子的教练。老师和教练的身份区别，是在师生制和师徒制这两种不同的关系下决定的。

那么，师生制和师徒制有什么区别？父母为什么一定要当孩子的教练呢？

所谓师生制，就是课堂上常见的老师和同学之间的关系，是一对多，主要是讲授知识；师徒制的典型表现是一对一，传帮带。也可以说，师生制是批量生产，师徒制是高级定制。

所以，教育到了比较高的阶段，一定要从师生制转向师徒制。

父母要知道，学霸一定是高级定制的产物，家庭学习环境好是培养学霸的温床。那怎么才能当好这个教练呢？我们分两种情况来谈。

父母学习好

如果父母当年的成绩很好，有很多宝贵的经验，那就可以做一下复盘，总结一下，按照当年的经验去指导孩子，只要大方向是对的，就不会有太大的问题。

父母学习不好

如果父母当年的成绩不好，不知道怎么教育孩子，对这类父母来说，在教育孩子方面，确实有所缺失，我写这本书的目的，主要就是为了弥补这部分父母的缺失的。

我之所以一直强调要坚持师徒制，是因为只有师徒制才涉及核心机密的传授，学徒才能真正学到东西。

西方的一些老牌工业企业，为什么能一直占有市场？秘诀就在于它一直掌握着核心专利技术。它能公开的专利，其实意义都不大，真正让它强于别人的，是它永远都不会外泄的家传秘方。

比如，奔驰、宝马现在都已经在中国量产了，可是很多高级发动机一旦出了毛病，必须得送到德国修，为什么？其中的秘密谁都不会告诉你。比如，制造发动机的金属，必须在零下二十多摄氏度的环境下，通过热胀冷缩的原理去处理。在常温环境下，你连拆都拆不开。还有，这个发动机先装什么，后装什么，用什么工艺，这些细节都是核心机密，没有师徒关系传帮带的话，你是学不到的。

所以，在孩子的学习中，一般有两个类型的教练。

第一个类型，是扮演类似顶尖高中老师的角色。在顶尖高中里，老师基本不教授知识，主要作用是给学生指明正确的努力方向，减少试错成本，同时进行心理疏导和答疑解惑，至于知识，主要靠学生自主学习。学生有什么不懂的，大胆地找老师提问就可以。

有的时候，父母就要起到顶尖高中老师的作用。不是让父母手把手教孩子，而是要像顶尖高中老师一样，激发孩子的内心动力。

第二个类型，是身为旁观者的父母。当父母无法为孩子提供知识方面的帮助时，也可以从旁观者的角度提出建议。父母的经验，对孩子的学习和成长，也至关重要。

在赛场上，运动员的成绩一般比教练更好。可是再厉害的运动员也需要教练的指导，为什么？因为人的眼睛是向外看的，他可以看到外界的所有东西，就是看不到自己。

刘翔打破世界纪录的时候，比他的教练厉害得多。但是他的金牌，一定有教练的一半功劳。教练可以看到他看不到的自身问题，帮他进一步提高。

教练能发挥的作用，就是减少运动员的试错成本，告诉他们怎么做才能最快地出成绩。在孩子的学习上，也是一样的道理。

我知道，部分父母也想做个好教练，可是他们的知识储备不够，就会打退堂鼓。实际上，评价教练的标准不只有知识，还有其他的因素。

首先，好的教练可以带给孩子心理上的抚慰，这是教练应该达到的基础水准。父母能做到的话，孩子基本不会有问题。对孩子心理上的把握，虽然很难做到精准，但它不是技术上的问题，相对容易解决。很多家长做不到，做不好，非不能也，实不为也。

我在小学阶段，基本是由母亲陪伴长大的。到了初中，父亲接班培养，这个过程非常重要。为什么呢？我父亲出于工作性质的原因，他对人的心理"揣摩"得非常精准。我们家所有人都知道，谁不开心就去找我父亲，跟他聊完之后，心里就舒服多了。在单位也是一样，谁心里有想法了，都去找他，被我父亲宽慰一下感觉就痛快了。我现在这个岁数了，有时候遇到问题，还是会找他开导。他在我初中时从我母亲手里接过教育接力棒之后，不只是教会了我很多学习方法，他给我做的心理"按摩"，更是其他人做不到的。

那些世界著名的伟人，都是很有感染力的，通过心理上的刺激去感召别人，这是他们最强大的武器。稻盛和夫也说过，成功＝热情 × 思维方式 × 能力。什么意思？成功不仅需要思维方式和个人能力，强烈的热情才是促使这一切发生的原动力。

当人的情绪被调动时，可以爆发出数倍于平时的力量。所以，对学习能起决定性作用的，其实不是智力因素，而是热忱、自信、恒心、毅力等非智力因素。

所以，对家长来说，一定要重视对孩子的开导和激励，这是孩子在学习和成长过程中非常重要的财富。

其次，好的教练会给予孩子合适的方法和路径。

对孩子进行心理"按摩"，家长们基本都会做，只是程度和效果有所不同。但是，给予孩子合适的方法和路径，并不是每个父母都能做到的。

我一再强调，学习是孩子自己领悟的，学习的方法和路径，也一定是自己摸索出来的。父母当教练的作用，是引导孩子去发现、去总结。

可是有很多父母，习惯以自己的认知去教育孩子，希望以此提高孩子的能力。但从孩子的接受度和吸收度来说，揠苗助长只会伤害孩子。所以，父母千万不要自以为是地给孩子讲太多超出他们认知的道理。很多时候，父母认为孩子听不进正确的意见，搞得亲子关系很不和谐，可真实的原因，也许是父母的建议超出了孩子的认知范畴。

这个时候，父母一定要放低自己的身段，以孩子的视角去审视一下孩子是不是真的能够理解，是不是真的可以奏效。

最后，父母给出的建议，一定要符合孩子的实际情况。照着别人家的孩子来进行培养，一味地邯郸学步，很容易把腿弄瘸。因为作为外人，你很难了解到别人家孩子教育成功的每一个核心环节，弄不好会把一些无关紧要的环节奉若至宝。父母参考别人教育成功的案例给自家孩子方法和路径，目的是引导孩子思考，让他们形成自己的思维模式。这是根本，家长们不要本末倒置。

3

家庭幸福的关键因素

托尔斯泰说："幸福的家庭都是相似的，不幸的家庭各有各的不幸。"一个幸福的家庭，能带来良好的学习氛围，对孩子的成长至关重要。家庭教育环境好是培养学霸的温床，所以我说，家庭氛围大于能力培养，这是很重要的一个原则。有人认为如下图所示，幸福的家庭方方面面都要出色。

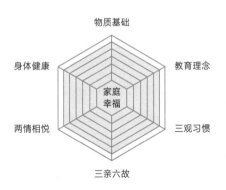

那么，对孩子来说，幸福的家庭应有哪些特征呢？

一定的物质基础

首先从现实的角度来说，吃、穿、住、行中，孩子的一些基本物质需求都必须予以满足。这是家庭存续、教养孩子的根基所在。过于贫困的生活条件，很可能让孩子心生自卑，对个人成长不利。

和谐的家庭氛围

比如，孩子出了问题，不急于一时，不要求立刻解决，能在当学期解决，就是比较理想的状态。

孩子出错在所难免，没必要一直苛责孩子，要理解并接纳孩子的错误，给孩子试错的空间。

我小时候的成长环境，有一个很明显的特点，就是母亲对我没有那么多唠叨、责怪和埋怨。我教过的一些很优秀的学生，大部分也是在宽松的家庭环境中成长起来的。

初中的时候，我家有一个必修的活动，就是我的父母会带着我在街上散步，边走边聊，聊的都是开心的事。也许我家生活不是很富足，但是家庭氛围真的对我的学习很有帮助。

科学的养育方式

我小的时候住在我母亲的单位宿舍，常常惹邻近的叔叔阿姨生气，他们经常找我母亲告状，说从来没见过我这么淘气的孩子。事后我母亲会耐心地教育我，让我意识到错误，却极少言辞苛刻地批评。包括我在条件局促的"家"里养鱼、养小动物，折腾这，折腾那，做各种化学实验，搞得乌烟瘴气，她都会以很包容的心态对待。

她的这种养育方式，让我从小就能肆无忌惮地探索各种新奇的事情，强烈的求知欲和探索欲不仅没被粗暴地打断，反而得到了极大的鼓舞，拓展了我学习和成长的宽度。

尊重传统和人格

在传统的北京家庭中，各种生活规矩非常多。包括称呼、动作等，都有相应的要求。

家庭成员之间的彼此尊重，让家庭在充满温暖的同时，形成了必要的秩序，整个家庭的构建体系更加严谨和完整。

在我的家庭中，我至少体会到了这几个特征和关键因素。而且，我觉得自己是足够幸福的。

很多父母现在之所以无法体会到幸福感，孩子也问题频出，主要根源就在于父母对家庭和教育产生了错误理解，导致家庭成员都深受焦虑情绪困扰。

不幸的家庭各有各的不幸

我相信,每个家庭都经历过幸福的阶段。尤其在孩子没上学之前,没有比赛,没有竞争,大家都相安无事。孩子上学之后呢,不幸福的感觉随之而来。很多父母都跟我讨论过这样的问题,想知道怎样才能有所改变,我也向相关专家探求过答案,可是他们也无法给出确切的回答。

就我的理解而言,每个人对幸福的渴望和认知是不同的,它是一种自我体验。你想追求的幸福,只能自己去创造。所以,想要幸福的家庭,父母需要学会控制自己,尽量不去唠叨孩子,减少情绪上的冲突。

我的父亲,对家庭幸福的理解,给我带来了很多启迪。他说:"婚姻这个事情,婚前讲条件,婚后讲感情。"

结婚之前,要把各自的条件讲清楚,经济实力、家庭状况等,起码地位要对等。明明人家条件很好,凭什么要跟着你受穷?

结婚之后,该糊涂就得糊涂,别太刻薄,这个时候就要讲感情了,都已经认定了对方,就要带着包容的心态去相处。

父亲说,你按照这个大原则过日子,错不了。我在维护家庭关系的时候,基本就是遵从这个原则,目前家人的幸福感都很高。

在教育孩子的过程中,父母是孩子的精神力量之源,父母之间良好的关系,能润物细无声地滋养孩子。

别让教育给孩子制造能力焦虑

我接触过的很多父母，都被教育环境所困扰。他们想给孩子宽松的成长环境，可是孩子在宽松的环境中变得更差，于是，他们束手无策了。

很多父母并不是真的让孩子感觉到宽松。在这些父母的意识中，即便自己蹲下，也要比孩子蹲得高。这跟普遍提倡的"蹲下跟孩子说话"本质上是背离的。蹲下的目的，是去理解孩子，尊重孩子。父母比孩子蹲得高，会给孩子压抑感，让孩子觉得父母会提更高的要求，孩子很难自动产生向上的动机。

举个例子，孩子好不容易前进两名，父母还要求他再前进两名。这是很多父母都会做的事，而能让孩子保持现状，甚至接受稍微有所退步的父母，真可谓凤毛麟角。

孩子长期受到压抑，自主学习的兴趣和动力都消耗殆尽，他的成绩自然会越来越差。由此，父母和孩子都会陷入成绩带来的焦虑中。

高明的父母，会要求孩子保持现状，成绩稍下降，也可以接受。父母不给孩子提要求，孩子慢慢地就会自己感觉不满意。这时，他的自主性就会发挥作用。父母要坚信，最希望自己进步的一定是孩子本人，他们仅仅是因为害怕失败时看到父母失望的目光，才不得不把自己的希望隐藏起来。

孩子努力之后见不到成果，很可能会陷入能力焦虑。实际上，孩子真努力了还做不好，内心才会真正焦虑。这种焦虑会让孩子对自己的能力产生怀疑，真正意识到自己能力不足的时候，恰恰是成长的最佳时机。但是破茧成蝶和凤凰涅槃从来都是需要耐心等待的。如果孩子本身没有努力，就像我小时候一样，一努力成绩就上去了，那他们绝对不会焦虑的。

而父母的要求让孩子产生能力焦虑时，会对孩子产生伤害，当孩子感觉无论如何都摆脱不了焦虑的时候，他的危机也就来了。

真的陷入能力焦虑之后，孩子再怎么努力都很难挣脱出来，慢慢就不想努力了。

孩子的能力有高有低，有起有伏，在他们陷入低潮的时候，不要逼着他们去努力，因为他们不是不想努力，确实是努力不起来。

举个例子，可能更形象些。小时候，我总觉得父亲偏心眼，对待妹妹，每次考试之前总是安慰，对我则给予重压。长大之后，父亲给我讲了一个故事来解释原因。他说自己小的时候，邻居是个车把式，教他怎么赶马车和牛车。邻居说，如果是赶马车上坡，连抽三鞭子，还上不去，赶紧卸车，因为马已经把所有的劲儿都使出来了，再抽就是累死都上不去。如果是赶牛车上坡，直接拿着枣木杠子，照着牛屁股啪啪打两下，一下就上去了，因为牛是真有劲儿。

父亲给我讲这个故事的时候，我发现他在心里就是这样想的。牛是力大无穷，但有力不用，马是有多大力用多大力，实在上不去的话，就不要强迫。马和牛，就是不同类型的孩子。

很多父母分不清楚孩子的状态，不知道孩子是不是真的陷入了能力焦虑。有劲儿不用的孩子，其实是不焦虑的，他的焦虑都是装出来的。就好比我小时候，虽然成绩一般，却从没焦虑过，因为自己一努力就真能考好。但是如果孩子的能力真的到了上限，陷入了焦虑，父母就要利用一些有效的工具，去帮助孩子切实解决问题，摆脱焦虑。

至于如何判断孩子是否陷入能力焦虑，我可以和大家分享一下具体的表现。

一般来说，陷入能力焦虑的孩子，并不是一贯如此。如果孩子一开始就不喜欢数学，还没怎么学习就开始惧怕，这种情况还不是焦虑，只是没入门的状态。

陷入能力焦虑的孩子，往往是开始学习还不错，挺有信心的。一段时间之后，才觉得自己不行。这种情况下，孩子就是碰到坎儿了，他努力了，却不见效。他又不愿意失去过去的光环，就会陷入焦虑。

所以说，成绩中等偏上，甚至有些原来名列前茅的孩子，更容易出现焦虑。因为父母一直给这些孩子定更高的目标，孩子达不到父母的要求，成绩一直上不去，心理就会发生变化。

所以能力焦虑，更多的是针对成绩中上等的孩子。他们一贯学习不错，但是突然某一天他对家长说不喜欢某门功课的学习，或者是找借口，或者是故意去玩游戏，背后的原因往往是他们宁可让别人以为自己是玩游戏导致的成绩不理想，也不愿意让别人觉得是他们脑子笨才学不好的。过去学习比较好的孩子，突然出现了类似的问题，那就要注意了，他们有可能是遇到了能力焦虑。

　　能力焦虑确实是家庭里面应该特别关注的一点，孩子产生这个问题的时候，父母一定要学会收手，不要再用更高的期待和要求鞭策孩子，否则孩子可能会产生不可逆转的心理问题。家长这时候最需要的就是耐心，破茧成蝶未可知也。

4

必须守住底线思维

传统的教育观念中，"望子成龙，望女成凤"是大部分父母的终极目标。很多父母不顾孩子的天赋和能力，一定要把孩子培养成天之骄子，给孩子带来了沉重的负担。实际上，大部分的孩子，终其一生都是普普通通的人，也许小有成就，却无法成为人中龙凤。

所以，我一直在教育中强调底线思维——教育的目的不是为了冲上限，而是为了保证下限别太低。

具体来说的话，可以从三个角度来看待底线思维。

心理不能出问题

教育孩子的第一底线，是孩子不能产生心理问题。

心理问题有时候是种病，有时候是个标签。就是孩子本身并没有病，但是一旦别人都认为他有病，给他贴了这个标签，一直强化这种观念，而他一旦过不了这道坎儿，就真的觉得自己有病了。

有一部电影，反映的就是标签给人带来的影响。电影的主人公，每天很快乐地跟朋友相处。可是有一天，他的那些朋友都说不认识他。他不知道是怎么回事，一下就崩溃了，陷入焦虑之中。他对自己充满了怀疑，结果跳楼自杀。电影进入最后的高潮，揭晓了朋友们这么做的原因。原来是主人公的生日要到了，朋友们想用这种方式跟他娱乐一下。

可见，心理脆弱的人，很难等到彩蛋打开的那一刻。对于教育孩子来讲，心理不能出问题是最后的底线。这个问题重要在哪儿呢？就是心理一旦出现问题，不仅毁了孩子，其实连整个家庭都毁了。一个没有自理能力的、精神上有问题的孩子，会被父母一直挂念。

我住的大院里有两个人，一个是我同学，另一个是我邻居，就处于心理有问题的状态。他俩一个上过清华，一个去过德国留学，学习都很好。而且说话是正常的，也能认识人，我们没觉得他们傻了或者疯了，可就是不能去工作。父母只能把他们养在家里。

当年阎崇年讲历史，他说天和、地和、人和，还得加上己和。这一点我是很认可的。他讲到努尔哈赤起兵的时候，明朝军队号称四十七万、四路大军压境，严重点说，对于手头只有六万士兵的新兴后金政权来说已经到了亡国灭种的地步了。但努尔哈赤该睡觉就睡觉，而且还睡得很香。后面的结果我们都清楚，萨尔浒之战明军几乎全军覆没。努尔哈赤优秀的军事才能配合其强大的心理素质不仅打造出中国历史上又一个以少胜多的经典战例，更开创了一个全新的王朝。

事实上，好多学习好的孩子，心理上其实挺脆弱的。天和、地和、人和，还得己和，就算你有那个命，落到你头上也得自己能扛住才行。

身体不能出问题

现在的孩子，大多是六个大人带一个，基本不会出现饥饿的问题，营养也足够。但出现的另一个极端问题，是孩子肥胖的比例越来越高。尤其是孩子小的时候，肥胖都是父母的爱催出来的。

对此，我的建议是，不要用爱摧毁孩子的身体，坚守远离肥胖这个底线，这是对身体的基本要求。

很多家长都希望孩子能多吃一点，可以长身体，孩子吃得越多，他们越高兴。可是，他们忽视了，人的胃很有弹性，可以不断撑大，总是吃得很多，消化不了，胃就会越变越大，对食物的摄取需求也会越来越大。不把它填满的话，就会有饥饿感，人会很难受。所以，越是肥胖的人，越是想吃东西，不让他吃，他会偷偷地吃。到那个时候，如果没有很强烈的决心，是控制不了吃的欲望的。

不夸张地说，孩子真的变得肥胖之后，会给家庭带来的痛苦，是仅次于心理问题的。甚至于，肥胖问题会引发心理问题。尤其是成为学生之后，如果因为肥胖受到奚落，孩子的心理会备受打击，往往需要付出很大的代价去弥补这种伤害。学霸群体里很少有胖子是一个事实，其中原因与其说是智商问题，倒不如说是一个心理问题。

孩子身体会得什么病，父母无法掌控，但是不让孩子身体肥胖这个底线，相信大多数父母是可以守住的。

在过去的观念里，贫困家庭觉得孩子胖点是好事，太瘦的话，容易夭折。如今已经不存在这样的问题了，但古时殷实人家"若要小儿安，三分饥和寒"的传统理念，依然有存在的价值。孩子吃得太多，容易积食，会给身体带来各种伤害。

可是，很多老人还是习惯把孩子养胖。这也是很多孩子肥胖的主要根源。所以，我一直提倡父母要自己带孩子，把抚养权和教育权都握在自己手里，因为教育权和抚养权是密不可分的。而事实是，孩子的抚养权一般在老人手里，教育权却在父母手里，这会给老人带来割裂的感觉。他们只能养却不能管，这对孩子的角色定位会产生影响。

一定不能撒谎

基本上可以说，绝大部分孩子的撒谎习惯，都是父母造成的。父母不断地对孩子提要求，孩子能完成的时候，父母就喜笑颜开；孩子达不到要求的时候，父母就焦虑万分。父母表现出来的强烈的情绪对比，就是孩子撒谎的动机。

当然，也不能过分苛责父母，能做到"不以物喜，不以己悲"的人，世上也没有几个。

孩子撒谎的具体原因，一般有下面几个。

（1）逃避惩罚

孩子考试没考好，怕父母生气，与其被父母鼻子不是鼻子、脸不是脸地骂一顿，还不如撒个谎逃避惩罚。

这种原因带来的撒谎，是父母应该反思的，要思考一下你的惩罚是不是正确。

（2）吹牛炫耀

孩子为了虚荣心，吹吹牛，炫耀一下。这种原因引发的撒谎，其实可以包容。孩子是为了满足心理需求，也没损害别人的利益，基本无伤大雅。

（3）谋取不当利益

孩子为了获得不当利益，满足自己的私欲而撒谎，父母一定要认认真真地去求证，如果事实果然如此，这个必须纠正，因为这种行为触犯了底线，不能放纵。

刘老师宝库：父母是如何养育我的

我之所以在学习的道路上能够完成众人眼中的逆袭，是因为父母的养育塑造并改变了我。

母亲对我的宽容度极高，鼓励很多，要求很少。她不会像多数母亲一样喜欢盯着孩子，絮絮叨叨地让我干这干那。只要能守住底线，她就觉得我是很好的。

我小的时候，在学校真的很不听话。有一次，一位老师当着全班同学的面数落了我。我母亲知道后生气地跑到学校，找到老师说，您批评孩子，可以跟我说，不要当着全班同学的面这么挖苦他。我家孩子是有优点的，然后一二三四罗列了一遍。后来，老师一直用这件事说我，还好我内心强大，才没受影响。

当时，我们班还有一个跟我一样调皮的孩子。老师对我俩意见极大，提到我俩的时候，总说"这两块料"。我俩从小学到初中，一直是同学，也是很好的朋友。我俩一起受批评、一起质疑老师，从来都不盲目相信老师什么都是对的，老师讲不出理由来，我俩就不接受他的观点。

他的数学成绩很优秀，上数学课的时候，有些知识都能比数学老师理解得还透彻。后来，他靠数学竞赛考上了清华，我凭物理竞赛考上了北大。当时小学班里比我俩成绩好的同学多的是，但是他们都没考上北大、清华。

对我的孩子，我能保证的也只是守住他的下限，考一本没问题，努努力能上个985，这个目标可期，但对北大、清华，我真的认为不必强求，也不可强求。我觉得上北大、清华的学生真不是靠单纯培养造就的，主要看学生的自身素质和他自己的造化。当家长的没必要非要要求后辈一定高过前辈。尤其没必要苛求在某一方面孩子一定要比自己强，弄不好反而忽视了孩子真正的优势所在。

我为什么一直强调自主学习，其实主要是受到了父母的影响。

我母亲小时候生活在北京近郊的农村，每天要做很多农活。我的姥爷和姥姥本来想着她念完小学就不让她继续念了，我母亲不同意，非要念。我姥爷呢，也是挺通情达理的，说只要你肯念，那就念。别的帮不了你，但是可以帮你找老师借几本书，咱们在家复习。

我母亲自己从老师那里借了几本六年级的书，也没在学校复习，最后考上了最好的重点中学。没想到因为历史原因初中没毕业，高中更是没上。但是恢复高考后母亲居然凭借自学考上了大学。

所以，我母亲骨子里是非常认可自学理念的，她从小就给我买各种各样的书。

我在家又养花又养鸟，母亲也非常支持，刺猬、兔子、小鸡、小鸭子，只要我喜欢的，母亲都让我养。小孩子不是爱观察吗？我天天在家玩拼装玩具，我母亲也是很支持的。在其他母亲看来不务正业的事情，母亲都允许我做。唯一不支持的，可能就是玩电子游戏了。

在这种比较宽松的环境中，我有了很多自己思考和试错的机会。

有时候我爱人就不太喜欢我母亲的这种教育方法，她跟我军人出身的父亲一样，比较强调纪律性，觉得我母亲对孩子过于没有要求，我不能评价谁对谁错，家庭成员本来就应该求同存异。

我上小学的时候，父亲一直在部队，他很少陪伴在我身边，学习的事情，也基本是母亲在辅导。这个时期的宽松环境，对我来说真是太宝贵了。到了初二，正是快到叛逆期的时候，父亲接过母亲手里的接力棒，开始给我另外一种教育。部队出身的父亲，在纪律的细节上要求很到位。无独有偶，和母亲同龄的父亲，也没有读过高中，也是在恢复高考之后凭借自学考上了大学。在学习原则的大方向上，父母完全一致。那就是坚定不移地培养我的自学能力。

在我青春期的时候，父亲真的做得很到位。他知道这个时期的孩子最怕受委屈，于是常常和我谈心、闲聊。他跟我说男孩子的表现欲有很多种，比如喝酒、打扮等，都是为了吸引女孩子的眼球。还给我做了分析，说我唯一吸引别人的地方就是学习好，这是我从小就有的优势。他还教我怎么交朋友，应该交什么样的朋友。在那个阶段，父亲给了我很多建议和帮助。

上初中时，我的成绩提高后，我们班一个人缘很好的同学主动跟我交朋友。

后来我俩真的成了最好的朋友，他很仗义，总是保护我，让我免受外界骚扰，可以专心学习。到后来，我考进北京四中，还是他去我家报的喜。

父亲知道我有这样一个朋友，也认可这个朋友。他有很多的社会经验，很容易就能判断出这个朋友是不是值得交。

我父亲是个做事极其认真严谨的人，严谨到一丝不苟。他的这个优点，我真是学不来。他当年做的摘抄笔记，字迹非常工整，这是我一辈子都做不到的。可是我父亲并没要求我非要跟他一样，他认为每个人都应该发挥自己的优势，找到适合自己的学习方式，不一定非要照搬别人的经验，他的这种教育理念真的很棒。

我父亲非常善于发掘别人的优势，能看出别人适合做什么，从不做天意不可违的事情。

他认为，你是什么坯子，就去做什么。是块铜，就造个适合铜做的东西；是块钢，就造个适合钢做的东西。你要反着来，那就什么都做不好，还浪费了材料。

此外，我父亲的知识面比较宽，无论别人说什么，他基本都能聊上两句，是一个极好的沟通者。

在教养我的这些年中，母亲一直保持开放的心态，让我扩大涉猎面，帮我建立底线思维；父亲呢，很善于发现我的优势和劣势，知道我适合干什么，不适合干什么。他不强求我像他一样，而是遵从我的本性，是什么样就是什么样。

　　正是在父亲和母亲的相互配合下，我才走上了逆袭之路。

第三章

自主学习力的底层逻辑

1

专注力是个伪命题

一提到"专注力"这个词，很多父母眼中总会闪烁异样的光芒。部分父母跟我沟通，说他们的孩子有专注力不足的问题，找了各种各样的机构，想了各种各样的办法，还是没法有效改善。

他们的孩子，要么是上课的时候总走神；要么是肢体动作很多，坐不住；要么是跟身边的孩子交头接耳；要么是摆弄手里的东西；等等。甚至连粗心、马虎，总是丢不该丢的分数，做作业的时候，总是出现同样的错误，都被划归为专注力不足的表现。

听他们说完孩子的表现，我通常给出的回答是，不要盲目相信专注力训练，专注力本身就是个伪命题。

专注力不够是生理层面的正常表现

从我跟家长们沟通的情况来看，专注力不足这个问题，通常出现在学龄前及一、二年级的孩子身上，孩子年龄越大，越没人提"专注力"这个问题。因为它本身是一个生理问题，到了高年级，这些问题会自动修复。

脑科学研究已经证实，专注力不足与神经系统的机能有关，人的专注力会随着年龄的增长而不断提升：1岁半时，一般是4~5分钟；2~4岁时，一般是6~10分钟；5~6岁时，一般是10~15分钟；7~10岁时，一般是15~20分钟。年龄比较小的孩子，专注力之所以不足，是因为他们的大脑发育尚不完善，自制能力比较差。面对这种情况，家长们不必过分担心，只要教育得当，绝大多数孩子能够随着年龄的增长做到专注。

如果孩子各方面成熟度还没到专注的那个阶段时，家长们非要提前解决专注力的问题，很可能是得不到什么正向结果的。正如北师大校长董奇所说，"未来教育的方向是基于脑、适于脑、促进脑"。

就算是好学生，在上课的过程中，也会像其他孩子一样，时不时地走神。只不过，好学生可能在家受到了比较多的管教，所以没有表现出所谓的专注力差。

其实，家长们对专注力的关注，还反映出一个特别普遍的现象。那就是父母更愿意在孩子表现不好时，给他们找一个不会从根本上伤害孩子的借口。但事实上，他们忽略了本质，让孩子遭受了本不该遭受的各种没必要的培训和痛苦，却无法获得期待的改善。

我想，我有必要再强调一遍，孩子一、二年级的时候，专注力差不是问题，尤其是男孩子，坐不住的事十分常见，这是很正常的现象，孩子的注意力只能维持 15 分钟？恭喜你，你生了一个完全正常的孩子，为这件事焦虑纯属杞人忧天，这是由低龄儿童的生理条件决定的，到高年级之后自然就会有所改善。

越强调专注力，越容易出问题

孩子的专注力本身不是问题，可是老师和父母把它当成问题去对待的时候，反而容易导致孩子出问题。

天天跟人说孩子粗心，天天跟人说孩子注意力不集中，这种暗示对于孩子来讲只有坏处，没有好处。

对父母来说，一定不要把专注力的问题跟孩子的学习挂上钩，孩子学习不好，有原因，但专注力不是主要原因，一定还有其他的原因。

父母找错了原因，孩子的精力用错了地方，浪费了时间，成绩当然好不了。低年级成绩不好，不外乎上课没认真听讲，没关系，回家把书复习一遍就能解决；同时在当天解决作业的所有问题，不把错题留给老师到第二天去批改；每周或者每半个月给孩子听写一遍字词，错误的反复练习几遍，这其实都是挺简单的做法，却是能切实提高低年级学生学习成绩的正确做法。

粗心、马虎不等于缺乏专注力

对粗心、马虎的认识，我是深有感触的。它们同样是两个伪命题，本身并不是问题，把它们当问题的话，就会成为问题。

孩子在中低年级时，不一定非要考满分，这个阶段孩子的行为能力还不完善，能够完全集中精力的时间也很短。你会发现，再怎么叮嘱他们考试答完题要复查，他们也很难做到，都是做完直接交卷，或者宁愿干坐着一直等到交卷铃声响起也绝不会再看试卷一眼。因为他们在答题的时候精力高度集中，已经超过了儿童集中精力的极限，答完之后直接给大脑放了假，再也专注不起来了。

到了五年级以后，孩子的行为能力变得完善，就能把粗心、马虎的问题解决了。为什么呢？拿数学来举个例子。咱们学的所有计算方法，都是数学家总结出来的。它就像是安全生产规范，你可能觉得麻烦，但这是保证不出问题的最有效的方法。你不照着去做，可能速度会快一点，但出问题的可能性也更大。

什么是计算？我给它的定义是以化简为目的的恒等变形。只要按照正确的规范去操作每一步，它是不会产生变形的。如果这个化简错了，计算出错了，就是你没按照计算规范去操作。

【恒等变形式】

1. $\dfrac{3a-3}{a} \div \dfrac{a^2-2a+1}{a^2} - \dfrac{a}{a-1}$ ，其中 $a=2$.

   解：$\dfrac{3a-3}{a} \div \dfrac{a^2-2a+1}{a^2} - \dfrac{a}{a-1}$

   $= \dfrac{3(a-1)}{a} \times \dfrac{a^2}{(a-1)^2} - \dfrac{a}{a-1}$

   $= \dfrac{3a}{a-1} - \dfrac{a}{a-1}$

   $= \dfrac{2a}{a-1}$

【恒等变形式】

2. $\left(1+\dfrac{1}{2}\right) \times \left(1+\dfrac{1}{3}\right) \times \cdots \times \left(1+\dfrac{1}{99}\right)$

   $= \dfrac{3}{2} \times \dfrac{4}{3} \times \dfrac{5}{4} \times \cdots \times \dfrac{100}{99}$

   $= \dfrac{100}{2}$

   $= 50$

在小学阶段，其实学的计算规范比数学知识还要多，这部分内容很枯燥，好多学生真没掌握。那些没掌握的计算规范，主要集中在五、六年级。

后来，我跟我儿子说，我也是从小学到初二，一直没能解决这个问题。到了初二，我发现我所有的计算都在跳步，就想少写一步，而且我喜欢用口算。发现问题之后，我突然就醒悟过来。我再也不相信自己的大脑计算，只相信笔和草稿纸，而且步骤一定会写完整。

我告诉儿子，你照我说的去做，这个问题就能解决。他照着做了，还真的创造了奇迹，很长一段时间，他的数学考试一直都是满分，老师都觉得很诧异。

还有一点是，我极其反对孩子在计算上盲目练习，尤其在低年级大量练习口算。你会发现很多孩子一年级做一百道口算题会错三四道，六年级依然如此，这就相当于做了六年的无用功。计算不该成为问题，不应该浪费大量的时间和精力。

最后，我们再回到粗心、马虎这个点上。我认为，所有的粗心、马虎其实本质上都是不会。具体说的话，又可以分成两种情况。

（1）该掌握的技能没掌握

一说到粗心、马虎，很多父母就觉得很可惜，本来会做的题答错了，不该出现这样的失误。其实呢，我也说了，粗心、马虎都是伪命题。从本质上来说，孩子就是不会，该掌握的计算技能没有掌握。

（2）掌握了技能却不愿意用

孩子明知道操作规范，却不愿意按部就班地去做，就很容易出现父母眼中的粗心、马虎的问题。这时候家长需要做的就是让孩子不要笔头犯懒，要严格按照计算规范一步一步地推导，不能随意跳步，问题就能迎刃而解。类似粗心、马虎，它们本身不是问题，但是父母和孩子把它们当成问题，也就变成了问题。这个时候，很多真实的问题就被掩盖起来了。

我认为，对专注力的过度关注，其实是在浪费自己和孩子的时间。

2

敲打出的自信心

所有人都在提倡要从小培养孩子的自信心，但对自信心的理解和定义却各不相同。在我看来，自信心其实用一句话就能说明白，它是孩子内心在说的一句独白——我能行。

当年，我的父母总是给我灌输自信的观点，他们跟我说过两句话，特别经典。

第一句话是："鹰有时候飞得比鸡还低，但是鸡永远飞不了鹰那么高。"这句话瞬间就把人的斗志激活了，暂时的低谷、低潮没关系。

第二句话是："没事，既然上场，就喊我必胜。"这就是给自己打气，要充满自信。既然做好了充足的准备，就要勇敢地往前冲，剩下的就交给命运。

这里面，我要强调的是，自信一定是发自内心的，而不是纯粹喊出来的。只有发自内心地对自己认可，才能真正拥有自信。

我在学生时代之所以能在学习上表现出自信，主要是因为我对学习任务的总量把握得非常清楚和明确，我也知道凭借我的能力，通过一定时间的努力，一定可以完成这个任务总量。当人对一切事情都感觉很确定的时候，必然会表现出自信。

我父亲跟我说过一个观点，他说当今这个时代人的焦虑主要来自不确定。

父亲说他那个年代工资很低，一个月几十到一百多块钱的工资。但是很多事情是确定的。他想买辆自行车，想买块手表，他就按月攒钱，攒到一定时间，肯定就能买回来。现在就是因为不确定性太多，未来不可预知，所以才会让人产生焦虑。人只要对未来有一种基本的确定、判定，就不会有太大的焦虑。

具体到学习上，就是确定努力之后大概多长时间能得到结果，一般就不会产生焦虑。真正自信的人，抗挫能力比较强，不会因为一两次的失败就轻易放弃。

我举一个学习过程中普遍存在的小例子来说明。好多孩子，缺失的其实是知识建构的核心环节。一道题做错了，很多父母就是让孩子照着答案改了，很在乎有没有把错题在形式上改对。我就跟孩子说，练习册上的错题可以不用改，留着错误的痕迹。但是做完之后一定要复盘，找到错误的原因。你这个题做错了，说明你对知识理解得不透，那就必须回到书本的知识上重新加以复习理解，才能取得真正的收获。

那怎么教孩子复盘呢？

告诉孩子，在做卷子、做练习册的时候，要把所有错题和做的时候稍微犹豫的题目全都标出来。做完之后对照答案，完全有把握做对的题目，根本不用看。只看做错的和虽有犹豫但也答对的题目。然后，再回归书本，把这些知识融入进去，解析错误背后的深层原因，建构知识体系，这就是复盘的价值所在。

经过复盘之后，孩子自知自己的能力到底有多强，知识体系到底有多完善，他就有了自信的资本。

我们说，自信源于自知，他从中可以收获获得感和成就感，进而激发兴趣。

我们可以看到，兴趣的产生过程，是先有成就，再到有自信，然后在信心满满的状态下，兴趣就有了。这个过程，跟学霸寻找最短路径的过程是一样的。

一开始是有功利心的，为了达到某种目的，去展示自己的能力。但在后半部分的追求中，逐渐把它当成一种享受。

孩子对一件事情有兴趣的话，他一点都不觉得苦，更不会因为缺少毅力坚持不下去，你不让他动脑子，他会觉得很难受。

当然，真正的兴趣不是那种随便玩玩的乐趣，它是非常需要磨砺的。像那些爱上数学的孩子，到后期的情况都是，只要你跟他谈奥数题，他的兴趣就来了。

很多父母想让自己数学成绩不佳的孩子也变成这种状态，觉得可以照猫画虎，于是给孩子报班去学奥数，结果大概率是东施效颦。因为他们并不知道对那些谈起奥数就口若悬河的孩子来说，其实他们已经走完了从成就到自信最终到真正有兴趣的完整过程。

这个培养的过程，需要时间的磨砺，坚持很重要。同时，采用正确的策略也很重要。下面几个策略，是我的经验所得。

培养成功的获得感

要培养孩子的自信心，一定要刻意让孩子体会成功。不是单纯地表扬孩子，而是真正让他对成功有所体会。

举个我身边的例子，我单位一个同事想给 5 岁的女儿报学琴班。当时，很多孩子选了钢琴。同事跟他爱人商量了一下，觉得学琴不过是个爱好，不需要有多大成就。所以同事毫不犹豫地给女儿选了电子琴。为什么？因为学电子琴，有更多的展示机会。钢琴不能想带到哪里就带到哪里，表演的机会无形中少了许多。电子琴携带方便，而且上手很快，不像钢琴那样要练习很久的基本功。

同事的女儿 6 岁上学，学校的第一个新年联欢会，老师问大家都有什么才艺，孩子们都拿着自己擅长的乐器到学校去。同事的女儿用电子琴很流畅地弹了一首曲子，其他孩子表演的却是一些基本功。

老师立刻宣布，校长什么时候来，就让同事的女儿什么时候给校长表演。

后来，同事的女儿去参加比赛，同事坚持的原则是：在刚刚学习的阶段，孩子基本确定能拿到奖的情况下才去参加；学会了之后，再去接受可承受的挫折。

他说，这不是功利，是为了保护孩子的自信心，孩子还那么小，受挫对她毫无益处。

后来，同事特意写过文章，谈到怎么培养孩子的兴趣。培养兴趣其实就是培养孩子成功的获得感，获得的成功越多，孩子的自信心就越强大。

有策略地夸奖

父母对孩子的夸奖，是有艺术性的。

同样是夸奖，用不同的方式来表达，孩子的感受是不同的。比如，孩子做出了一道题，父母可以对孩子说"我真没想到，你竟然想到了这个解题方法"。父母强调自己没想到，会让孩子有更大的成就感，这比简单的一句"你真棒"更能培养孩子的自信心。

而且，直接夸奖不如间接夸奖。父母私下聊天让孩子听到，比如说我们的孩子做了什么很厉害的事，同事的孩子比他大好几岁都没能做到。孩子听到这样的夸奖，会比父母当面直接夸奖自己的激励效果更好。

当然，夸奖也是有前提条件的，没有成就的夸奖是没有意义的。也就是说，一定要在孩子有成就的时候再去夸奖，否则就是虚假的赞美，对孩子收获自信毫无益处。

真正优秀的时候要适当敲打

人在不断取得成功时，难免会产生骄傲的情绪。心智尚不成熟的孩子，更是如此。

所以，当孩子真的足够优秀时，父母就不要再去夸奖他，而要去敲打他，以免孩子产生"我是天下第一"的错觉。

不要担心孩子被打击，足够自信的孩子，是可以经受挫折的。敲打的目的，是让孩子知道天外有天，激发他的好胜心。

一个优秀的孩子，有属于自己的领地。他只是跨领地去跟别人争当王中王时才会受到挫折，一旦回到他那个圈子，依然是一个王者。

有一段时间，我爱人经常批评我儿子，我觉得儿子挺好的，就有点不理解。有一天，我问儿子，你在学校是不是个好学生？我爱人一听就很不高兴，事后对我说，不管我怎么批评他，你都应该知道他在学校所有人的眼里都是一个非常棒的学生。后来，我终于知道我爱人为什么要批评儿子了，因为她笃定，在老师和同学眼里儿子是灯塔一样的优秀生，批评他并不会对他的自信产生影响，反而能避免他飘起来。

孩子最终以优异的成绩考取了理想中的学校之后，学校老师表现出来的喜悦丝毫不亚于家长。老师说大家对这个孩子充满期待，知道他是学校为数不多有能力冲击成绩制高点的学生，唯一担心的就是怕他骄傲飘起来。所以，在孩子毕业升学的最后一年，几乎所有科任老师对他都非常苛刻，别人考试成绩好会得到表扬、赞美，他考试成绩好老师反倒给他一些"打压"。在这一点上，家长和老师还颇有点英雄所见略同。

总而言之，培养孩子的自信心，要看孩子所处的阶段。如果他还没建立起足够的自信，那就以鼓励为主的同时，还要让他体会到成就感。如果孩子已经足够自信、足够优秀，那就要适时敲打，及时地浇灭他骄傲的火苗。

3

被误读的好胜心

教育孩子，好胜心的培养至关重要。整体说来，孩子不可能面面俱到，也不可能处处不行。那究竟是补短板还是增优势？

传统的木桶原理，提倡补足短板，均衡发展。看起来是让孩子全面发展，实际上，没有短板的人，本质上就是各方面都很平庸的人。在当今社会，这种教育理念教育出的孩子并不能适应社会的需求。

我一直认为，对好胜心的培养方向，一定不是从孩子的短板入手，去做弥补。而应该从优势着眼，把它做最大化的发挥。因为这样可以更快地看到成功的结果，对孩子产生推动作用。在强项上有了好胜心，再去迁移到弱项，可以以点带面，全面提升。

问题是，很多父母不知道如何发现孩子的优势。

具体到学习上，可能都说男孩理科占优势，女孩文科占优势。我父亲跟我说，不是这么回事，学习的底层原理是相通的，你有一科学得好，找到了方法，其他科目也都能学得非常好。因为你找到了迁移的方法，然后把你的优势迁移过去了，这就是所谓的一通百通。

父母一定不能拿孩子的弱项去说孩子应该有好胜心，在这方面孩子要怎么怎么做。孩子在优势领域都没能胜出，拿他的弱项怎么可能激发他的好胜心呢？

当年，一个在耶鲁大学读书的朋友跟我聊天。他说，刘老师，咱们上北大、清华的学生，我觉得有个共同点，就是这事儿我不确定能干好的，不去争。我确定真能干好的，就一定要争。这就是在优势领域去争。明明知道自己不占优势，还要去争，基本上就是自己找虐。

孩子不愿意抛头露面，父母非得让孩子上台演讲，孩子说不出话，父母又在边上埋怨，这对孩子的自信是极大的打击。如果说孩子在别的方面取得了成就，也许顺势迁移，表达能力就有了。

我看过一篇文章，有一个孩子特别自卑，但是他唱歌很棒，水平能到迷人的程度。老师怎么改变他的呢？就是让他到讲台上唱歌。这孩子不好意思，拿书把脸遮上了，唱完以后，同学们报以极其热烈的掌声。

第二次，同学们再让他唱一首，他没有任何犹豫，唱完之后，他的自卑就破解了。

有的父母说，我家孩子一点自信都没有，该怎么培养好胜心？答案其实已经给出来了，就是集中优势兵力，在最容易突破的地方下手。也就是在优势上去发挥，而不能在弱势上去激发好胜心。

好胜心是有限度的

我一直主张，不能事事争先：一是因为这样会让自己很累；二是因为会四处树敌，令人反感。

好胜心不等于追求完美，也不是事事争先。

长期对自己有过高的要求，容易导致很严重的心理问题。

实际上，很多父母期待完美的心理，这对孩子好胜心的培养也有阻碍作用。有些母亲，哪怕自己的孩子其实有很多优点，但只要有一点比不过别人，就感觉无法接受。在这种情况下，不是孩子没有好胜心，而是母亲的比较心压制了孩子的好胜心。

那么，家长们应该如何培养孩子的好胜心呢？

分清主次

很多父母常犯的第一个错误，是对优劣势的主次地位分辨不清，导致孩子本来是有优势的，却被比成了没有优势。

比如，孩子有一项优势，三项劣势，非要拿劣势去和他人比，结果三项都失败了，优势也被抹杀了。

之所以出现这种情况，大多源于父母的贪婪，处处都想赢，结果反倒输了。其实孩子只要在某一方面有特长，有好胜心，这就够了。

我母亲跟我说过："很多母亲都希望自己的孩子能上天入地，哪一点比别人落后了，都会发自内心地痛苦。"但是，我的父母对我从来没有这么高的要求，他们在这点上出奇地一致。他们都觉得事事争先的孩子，活得太累。

父母不太强的好胜心，反而激发了我的好胜心。他们越是不让我争，我越是想争给他们看，给他们一个惊喜。

在关键事件上一定要争

部分父母，为了争先不计成本。不管是中考、高考，还是考级、评三好学生，都要一路争先。

实际上，孩子要争的，是一些关键事件。比如中考、高考等影响人生走向的节点事件，一定要争。因为它们是人生为数不多的几个风口，对个人命运有极大的影响。这个时候，绝对不能犹豫，要让孩子拼尽全力地去争。

至于其他的，有限度地去争就可以了。凡事都争的话，很容易让孩子成为集体中的另类，陷入被孤立的境地。

而且，事事争先之后，一旦有了心理落差，孩子可能受不了。尤其很多小时候很优秀的女孩子，到了中学就会遭遇到这样的心理落差。

教孩子确定自己能做好的事

很多孩子盲目地进行竞争，原因在于他们并不知道自己能做好什么事，索性每件事都尝试一下。

这样做，不仅增加了试错成本，浪费了大量时间，对孩子的成长还没有帮助。所以，一定要教孩子确定自己能做好的事。

具体来说的话，可以从两个角度去做考量。

（1）单纯的客观因素比拼要努力争取

单纯的客观因素比拼，自己具有足够能力的话，一定要尽力去争。我跑得比你快，我考试成绩比你好，这些有直接量化标准的，有能力就去争，让别人心服口服。

（2）有一定主观因素的要权衡利弊

主观因素的比拼，要权衡利弊。没必要事事争先，比如，评个优秀干部、评个三好学生，都会杂糅一些主观评价，因为评价者需要考虑很多平衡因素。在这种情况下，就没必要要求孩子必须去争。

孩子去争了，没争到，父母也不要埋怨孩子，受主观因素影响的结果，父母不必苛责。

培养孩子的好胜心，目的是让孩子可以更好地发挥优势，更快地脱颖而出。如果父母只为满足自己追求完美的心理，受到伤害的最终会是孩子。

4

自控力是种消耗品

我父亲告诉过我，一定要逆着性子做事。培养自控力，学习就是逆人性的一件事情。过程也许很辛苦，但自控力带来的成果让人享受其中。

关于"自控力"，我有一个一直坚持的观点：自控力是种消耗品。它是有限的，用完就没了。

这个观点，出自《自控力》这本书，我觉得很有道理，也确实符合我的教育理念，所以我一直坚持相信。

这句话应该怎么理解？人的自控力是有限的，不能无限延续。把自控力用完了，就彻底没有了。一旦用尽，孩子很可能崩溃或叛逆。所以孩子应该张弛有度，把自控力用在有价值的地方。

父母期待孩子可以时时处处自控，这是不可能的。一个人每天高强度的学习时间不会超过四个小时，否则脑子就"烧坏"了。这和大脑的自我保护机制是紧密相关的。

反对的人认为，学霸每天上学都不止四个小时，起码六个小时的课堂学习时间。实际上，我认为，学霸的学习主要不是在课堂上，而是在一个人独处的时候。他们高强度地学习四个小时，就足够了。而且，他们会通过预习，极大地降低自己在课堂上的脑负荷。

很多夫妻，白天在单位工作，晚上一回家就因为一些鸡毛蒜皮的小事吵架。很重要的一个原因是他们的自控力在单位已消耗殆尽，回家之后就不想控制自己了。

那么，应该怎么提升自己的自控力储备呢？

逆着性子做些事情

一个很有效的方法，是优先做一些自己不想干，但是对自己有帮助的事情，这是一种很好的自控力培养方式。

比如练钢琴、下围棋，很多父母看到有些钢琴弹得好、围棋下得好的孩子，学习成绩也很好，就问我学钢琴、下围棋是不是能提高成绩？这其实是把逻辑搞反了。那些孩子成绩好，是因为他们有很强的自控力。要知道，钢琴、围棋是要克服很枯燥乏味的训练才能练好、学好的。孩子有强大的意志品质，学习自然不在话下。

如果是为了提高孩子的成绩，就让他学钢琴、下围棋，逻辑是错的，自然事与愿违。

我家孩子也练过钢琴，却长期多学少成，当时我爱人想要放弃，我没同意。我和孩子充分谈心，告诉他父母让他练琴，目的就是培养他的自控力，每天逆着性子优先去做一些自己不想做但却有价值的事情，是培养自控力最有效的方式。还好孩子认可了，也照着去做了，没想到回报给他的是优异的学习成绩，成绩提升带来的自信，反而又促进他把钢琴弹得更好。

让自己必须逆着性子做成一些事情，不需要任何理由，就是强迫自己去做。坚持下去，成了习惯，自控力就提升起来了。

当然，不要在无意义的环节浪费孩子的自控力，这是很关键的一个点。

张弛有度，别让孩子绷得太紧

从生理学的角度来说，没有人能一直紧绷神经，必须张弛有度。总让孩子像弓弦一样绷着，结局无外乎两个：比较善良、纯真的孩子，很可能彻底崩掉，各种叛逆都出来了；另外一些孩子会演戏骗父母，假装勤奋。

我当初跟父亲一起去故宫玩儿，看到一张弓弯得很奇怪，我问父亲这还怎么用啊？父亲说，这是反曲弓，现在是放松状态。打仗的时候要反方向弯曲，打完仗在第一时间把它松开，否则老绷着弓弦的话这弓很快就废了。

很多父母，就怕孩子闲下来，总觉得他们只要没干"正事"，就变得很焦虑。孩子到家之后坐在沙发上吃点东西，一晃十分钟过去了，父母就想，这十分钟能背多少个单词啊，这是浪费了多少大好时光啊。

如果父母总是抱着这样的态度，要求孩子时刻处于高压状态，那么，孩子的成长真是堪忧。

练习延迟满足

20 世纪 60 年代，美国斯坦福大学的心理学教授设计了一个棉花糖实验，也被叫作延迟满足实验。研究人员找来数十名儿童，给他们一些美味的棉花糖，并告诉他们可以选择马上吃掉棉花糖，或者选择等一段时间再吃，那样就可以得到另外的棉花糖作为奖励。

大多数的孩子无法抵御棉花糖的诱惑，很快就把棉花糖吃了。只有三分之一左右的孩子延迟了对棉花糖的欲望，坚持 15 分钟之后等到了研究人员给他们的奖励。

研究发现，孩子的学习成绩与他们小时候"延迟满足"的能力存在着某种联系。那些能抵御诱惑的孩子，成绩比即时满足的孩子更好一些。

延迟满足是儿童社会化和情绪调节的重要组成部分，是儿童由幼稚走向成熟、由依赖走向独立的重要标志。

这个实验非常出名，让孩子学会等待这个观点我也很认同。那么应该如何锻炼孩子的延迟满足能力？

（1）不能瞬间满足孩子，尤其是享受方面的

比如孩子想买玩具、想买衣服，这些非必要、非急需的要求，

无论家庭条件是否允许，父母都不要瞬间满足孩子的需求。

总是瞬间得到满足的孩子，会产生有欲望就要立刻得到满足的心理惯性，对他未来的成长不利。

（2）延迟满足的结果一定是满足

延迟满足的结果，一定是满足，只是有条件的满足。

很多父母给孩子做延迟满足的训练，到最后却不满足孩子，这是不行的。训练孩子延迟满足，目的是让他知道想得到满足是要付出代价的，时间代价也好，物质代价也好，努力代价也好，总之是有条件的。

孩子付出了代价，付出了努力，就要给他们满足感，这样才能起到训练的作用。

（3）不要故意挑战孩子的自控力

任何人都难以拒绝诱惑，成年人都做不到，孩子更做不到。他们的自控力本来就弱，父母不能打着训练的旗号去故意挑战。

比如，孩子喜欢玩手机，在他学习和睡觉的时候，就把手机拿出书房或者卧室，不要让他随手触及。孩子学习的时候父母也不要玩。父母非要把手机放在边上，或者自己玩不让孩子玩，这不是训练，这是折磨。

我家之前用过十点半自动断网的方式，来避免孩子过度玩手机。我觉得效果挺好，不用考虑太多因素，只要确定一个规则去解决问题就好。

千万不要试图去做挑战人性的事，能通过技术手段解决问题，是最好的。

　　既然无法拒绝诱惑，那就适当地远离诱惑。我们总说"常在河边走，哪有不湿鞋"，总要试图挑战自控力的边界，早晚会掉进自控力的陷阱。

5

记忆的有效方法

在我钻研自主学习的这些年里，记忆力提升一直是很多家长关心的话题。孩子背不下来课文，知识很快就忘等问题，让家长们非常忧虑。

在我求学和教学的整个过程中，记忆从来不是我的困扰，也没有经过什么特殊的训练。现在有很多记忆大师在给大家洗脑，说记忆是可以训练的，然后教大家各种记忆方法，利用各种手段去帮助记忆。

大脑可以训练不假，但对尚在上学的孩子来说，掌握这些方法有些困难。我梳理了自己的学习经验，给大家提供几个建议。

记忆的基础是理解

我认为，记忆的基础是理解，所以坚决反对一切不理解基础之上的死记硬背。如果不理解，会给记忆带来很大的阻碍，使得记忆变得低效。

很多父母觉得孩子记忆力不行，其实不是，是因为孩子对知识的理解不够。还没消化知识，就去死记硬背，只能记得一些零星的碎片，记忆起来自然低效。

还有些孩子，本身就不想学，不想背，对要记忆的内容不感兴趣，他不想去记忆，不想去理解，即便父母逼着他，他也是背不下来的。

我一直强调，知识一定是学生自己学明白的，而不是背明白的。关键不在于背知识，而在于把知识理解透彻。包括对历史、地理、生物、政治这样的"小四门"和语文古诗词的学习，我也一直反对单纯地让学生背。平时把知识吃透，临考前按照考试的要求进行相应的强化记忆，成绩就不会差。

用默写替代背诵

对一些需要精准背诵的知识，比如古诗词，无论孩子愿不愿意，都必须去背诵。孩子确实背不下来？那可以用到一些小技巧。比如，用默写替代背诵，好记性不如烂笔头嘛！从这一点上来说，笔懒其实是记忆的阻碍。

很多父母和孩子会说，不是懒，是写字太难，总是提笔忘字。确实，现代家庭，几乎家家户户都有电脑、智能手机，大家对写字的需求变低，大脑对文字的记忆越来越模糊。

这不是单个人、单个家庭的小问题，而是整个社会的大问题。我的建议是，可以让孩子去练字，通过练字去掌握汉字，消除笔懒的借口。如果觉得纯粹的练字很枯燥，不妨通过抄写和默写古诗来练字。我当初就是这样做的，结果发现，我不仅把字练好了，那些古诗也都记得滚瓜烂熟，熟到书上的古诗已经不够我练的了。写字是会上瘾的，进入状态的时候不仅不会觉得枯燥，反而觉得是一种享受。

对一些需要一字不差背下来的知识，默写是最好的办法。因为就算是背下来了，字也可能写错；默写的话，内容记下来了，字也写出来了。

对孩子来说，有了默写的过程，记忆就不会太差。怎么让孩子爱上书写呢？当书写成为一种享受的时候自然就会爱上。所以在书写工具上家长一定不要贪图便宜，送给孩子一支好钢笔（练字用）和几支高质量的签字笔（日常学习用），往往是孩子爱上学习的开始。

看似原始的笨办法是最有效的

先跟大家分享一个考试的小故事，是发生在我身上的真实故事。

我的一个好朋友，中考第一次模拟考试政治考了 60 多分。那时候政治课真的需要大段大段的背诵。有一天放学的时候，他母亲拦住我说，你们是好朋友，你政治考了97分，他才考了60多分。你得告诉他复习政治的方法啊！

我说，作为好朋友我一定告诉他，您放心。我就问他妈妈，回家后他是不是每天复习政治，他妈妈说复习啊，每天都看政治书至少40分钟。我说，阿姨，我每天会默写课本上需要背诵的内容1个小时。他母亲听了，什么都没说就走了。

在平日的学习阶段，我肯定是要把政治书熟读的，对里面的各种理念做到深入理解。但是考试毕竟需要博闻强识，这时候我就会在理解的基础上，用最原始的默写来加强背记的牢固程度。看似最原始的方法，往往是最有效的。

对于那些绕不过去的死记硬背，最高效率的办法其实就是听写和默写。这一点上，在我背单词的时候深有体会。单词背不下来的时候，我就让父亲帮我听写，我抄了好几遍都记不住的单词，他给我听写两三遍，我基本就能记住了。

总而言之，充分理解是深刻记忆的基础。很多孩子，部分知识确实记住了，父母问他的时候，他也能答上来。可是，同样一个知识点，换一种问法的话，他们就不会了。这就形成了假性记忆。看着好像学了很多知识，却没法综合运用。

所以，孩子需要学会自我提问，即便是简单的背诵，也要从不同的角度去思考，想想还可以从哪些方面去考查自己。有了主动思考的过程，这样的记忆才能形成能力的一部分。

记忆力的强弱对孩子的学习有着很大的影响，很多父母把培养孩子的记忆力当作了头等大事。但在我看来，孩子只要吃透了知识，构建了自己的知识体系，那他的记忆效率就会提高。我们看到，任何领域的真正专家，谈到自己的学术范围内的知识，都能做到滔滔不绝、口若悬河，但是每次所讲的内容却没法完全一致。虽然不是完全一致，核心思想却毫无二致。所以，孩子们需要的不是记忆力训练，而是对知识的深入思考，更加完整圆融地去建构属于他自己的知识体系。一旦体系得以完善建立，那就能做到根本无须死记硬背却能融会贯通。

具体到学习过程中，该吃的苦一定要吃，可吃可不吃的苦尽量不吃，不需要吃的苦一定不吃。必须大段背诵的、绕不过去的知识，需要博闻强识的"小四门"、古诗词等，要先思辨，再背诵。

6

教孩子做好时间管理

关于时间管理，我有一个很简单的观点 —— 时间管理其实就是算账。

不用孩子去想怎么把时间管理好，只要能把时间算清楚就可以了。总体来说，小学生做时间管理，女孩听话，好教；男孩不听话，不太容易做好。

比如，我要去开一个会，9 点必须到学校。逆推回去的话，从家到学校这段路程，我要用掉 40 分钟，吃早饭 15 分钟，洗漱 10 分钟，那我最晚也要在 7 点 55 分起床。如果再刨去可能出现意外的时间，那我在 7 点 30 分就要起床。

算一算时间账，就清楚自己在哪个时间节点需要完成什么任务了，这就是一个简单的时间管理模型。

孩子做时间管理的话，需要注意以下几点。

算好时间的账

我一直认为，孩子没做好时间管理，主要问题在于他们不善于逆推，没算清时间这笔账。

在学习中，我比较常用的方法，是根据任务总量逆推，分阶段、按步骤地完成学习任务。

初三的时候，第二学期一开学，物理老师在课上要我这个年级第一名的学生给大家分享是怎么学习物理知识的。我第一句话就说，大家打开课本，先看目录，了解下整本书有多少个知识单元。老师听了很激动，打断我激动地拍着桌子问同学们："拿到新课本，一上来就看目录，你们有多少人是这样做的？刘威为什么能后来居上成为年级第一？因为他是个对学习心中有数的人！"老师说的"心中有数"，其实就是从目录上看学习的总任务量，然后根据任务量去分配自己的时间。

说实话，我当时都没想过这个问题，但是老师一说，我觉得，对，就是这样。我拿到课本的时候，一般不会先看内容，那是正式开始学习时才做的事情。一定是先看目录，了解大致内容有多少，再看章节，每一章是什么内容，有多大难度，估算一下每一章需要多长时间可以复习完。

详细分配之后，时间账就算清楚了，到了一定的节点，就必须完成相应的任务。这样就会产生紧迫感，学习动力就有了。

所以，同学们看我学习，很多时候都是很闲的。还有很多人说我比较懒，不愿意做时间管理。其实，单纯为时间管理而做时间管理，是很低下的管理模式。而算清时间账，操作起来很简单，管理效能却高很多。唯一麻烦的地方跟学习一样，需要真的去动脑子思考。

人呢，不怕穷，也不怕忙，就怕穷忙。很多时间管理就是在穷忙，这种事做起来除了试错之外毫无意义。

看不到头的事情，不能干

我经常说，如果一件事情看不到头，那就不能干。一旦陷入永远看不到头的陷阱中，最终会把自己压垮。

很多父母和老师，坚信勤奋是万能的。总觉得只要勤奋，一定会有回报。对此，我是不认同的。一是因为孩子的年龄还小，有很多种成长的可能性，埋头勤奋，不适合他们；二是因为勤奋是没有尽头的，"书山有路勤为径"只是让孩子勤奋，却没给孩子指路，这样是不对的。

对目标清晰且善于分解

从好学生身上，是可以看到时间规划的。他们会把整体目标拆分开来，什么时间背单词、什么时间学语法、什么时间学语文、什么时间去运动，都是有迹可循的。

他们对自己的学习任务十分清楚，知道要在什么时候完成什么任务。而且，他们可以根据学习进程，不断地进行动态改进，直到产生一个相对固定的规划体系。

缺乏时间管理的人，对此完全相反，他们没有目标，没有计划，当一天和尚撞一天钟。在这样的状态下，是谈不上时间管理的。

对任务完成状态有精确评估

学霸能掌控时间，是因为他们对总体任务和自己完成任务的能力有着精确的评估。任务评估都做不好，最终的任务一定无法完成。

学霸还善于处处归纳总结，对新知识有精确的评估。他们处处都能归纳总结，提炼经验。除了知识，对做事过程也有总结，知道自己哪里做得好，哪里做得不好。

如果下一阶段印证了，就可以形成固定流程，随后按照这个流程走；如果没有得到印证，就继续调整，直到被印证为止。

在不断总结、提炼、反思的过程中，逐渐形成自我评价体系。这个体系一旦形成，孩子的时间管理会变得更加高效。他会形成习惯，一直坚持下去。

从底层逻辑来说，为了自律而自律，谁都做不到。做时间管理，最能激发孩子的，是他的兴趣和欲望，找到背后真实的原因，做好时间管理就不难。

孩子能主动去算时间这笔账，并把账算清楚，这就挺不错了。再通过评判、总结，能建立起自我评价体系，那这个孩子就一定前途无量。

刘老师宝库：
我与爱人是如何给孩子灌输学习理念的

在教育孩子的理念上，我跟爱人是比较统一的。我们都认为，对孩子的教育，一定要重视人格的培养。

孩子还不懂事的时候，没必要跟他讲太多道理。孩子明明听不懂，父母还要讲，这其实是父母不懂道理。

对儿子的教育，我一直强调自主学习，一直告诉他，不要太着急，慢慢来，总能学会的。我一直期待，儿子可以自然生长，所以很少催促他做事情。

我儿子上一年级的时候，我连辅导书都不让他多用。各种教辅主要是我这个当爸爸的来用，然后按照上面的教学要求严格落实在孩子身上。从上三年级开始，我才让他自己看，自己用，可是我知道，他这个年龄不会有什么立竿见影的收获。作为家长我必须有静待花开的耐心。这时候，我着重让他看的，其实是各种辨析和易错点。随着年龄的增长，他自己慢慢就能意识到哪本教辅书的哪一部分最能帮助他。现在，他学习已经离不开各种教辅书了，预习的时候就能把它们看透。

其实，我教育儿子，也走过一些弯路。

我儿子学百分比的时候，算得特别慢，我就告诉他，百分比其实就是除号，比值这个比号也是除号，你把它们统一起来，算起来就快了。他按照我的方法，果然提高了计算速度，可是做完作业之后，他有些不服气，说："爸爸，你教我，我确实变快了，可是我已经耗费了那么多时间去总结，再过一段时间，我自己找到规律之后，一样可以快起来。到那个时候，我掌握得会更扎实。"

听了儿子的话，我对这件事情进行了反思。

不是很紧急、很重要的时刻，其实我完全没必要告诉他方法。所以，在那之后，我常常故意给儿子一定的试错空间，让他自己总结归纳整个过程，而不是急着告诉他我当年掌握的方法。

因为我知道，就算我告诉他，他也不一定真的相信，只有他自己尝试过了，确认是这个结果，他才会接受我给出的方法。

这样的事情发生过很多次，当我告诉他怎么做最有效、最快速，他就是不听，因为这个矛盾，我俩也发生过争吵，但是事后我发现，唯有孩子自己归纳出的学习方法才是真正属于他的，我提供给他的，只有借鉴的价值，却不能直接照搬。孩子的做法其实是对的，是我这个当父亲的操之过急了。

很多父母不希望孩子走弯路，总想把捷径指给孩子看。却没想到，试错也是一种收获，不给孩子试错的机会才是真的让孩子走弯路。

在教育儿子的过程中，我和爱人从未对孩子有过高的期望。我们觉得，他是一个普普通通的孩子，和天才并不沾边，却也不至于落入尘埃。

在达成这个共识之前，我爱人其实很担心，因为我上过北京四中，考上了北大，怕我会对儿子的天赋有一种迷之自信，抱有极大的期待。

我当时告诉爱人：咱们这个孩子，资质平平，非常普通。在未来的学业培养方向上，就遵守三个原则。

第一个原则是，全面发展，不偏科；第二个原则是，基本功扎实，没有明显的短板；第三个原则是，发挥稳定，平稳成长。

我爱人听完之后，才把心放下来，我们对儿子的教育共识也就此达成了。其实，对大部分的孩子，都应该当成普通孩子来培养，给他们一个成长的底线，不对他们的成长操之过急，这样的话，孩子不仅会有一个更美好的童年，在学业上也可以达到甚至超过父辈的高度。

可惜的是，很多父母对自己的孩子并没有清晰的认识，常常走进下面两个误区。

没走利索就想跑

现在的很多父母，对孩子的教育都是揠苗助长式的。孩子还不会爬呢，就让他走；还没走利索呢，就让他跑。基本功都没练好，就开始各种超前教育，弄得孩子疲惫不堪，苦不堪言。

狗熊掰棒子

学校减负之后，孩子的课外时间增多。父母怕孩子闲下来，给他们报各种辅导班。每个辅导班都走马灯似的上一遍，就像狗熊掰棒子一样。再聪明的人，也很难做到学一次就会。适度的重复才能保证学习效果。孩子上的辅导班是不少，最后却没什么收获，这是典型的多学少成。

我父亲曾经说过："熟能生巧，巧能生精。"这八个字对我影响很大。学习知识，需要一定的重复去加深印象。

辅导书应该反复去看，当今时代却很少有学生能做到，能做到看过一遍的都是少数。算术、口算不值得反复练习，竟然有人在这上面花费大量的时间。因为人都喜欢在熟练区里不断重复做，它给人的安全感更足。

只不过，这种只顾形式的假学习，对孩子无益。真正有效的重复，是去重复思路和模型；真正有效的学习目标，是踮踮脚、努努力就能达到的高度。

第四章

自主学习力的基本素养

1

阅读能力

为什么阅读是一切学习的基础

（1）优秀学习者是文字型学习者

一般来说，优秀的学习者往往都是文字型学习者。因为文字传递信息的效率比语音高很多，我接触的高知人群，通常都有一个倾向，那就是不喜欢微信收到的语音信息。他们觉得，文字一眼就能看明白，听语音信息太浪费时间，阅读的效率比听语音高得多。

对比来看，认知水平不高的人，一般就很喜欢发语音微信。两者之间的差异，反映出不同类型的学习者之间的效率问题。

如今的很多父母，喜欢让孩子上网课。这个我是不太主张的。大多数孩子，通常第一堂课都坚持不下来，因为听网课实在太浪费时间了，同样的内容，如果是文字，孩子也许只要花一半的时间就能搞明白，而且理解得更透彻。

所以，一定要努力让自己成为一个文字的学习者，这样学习效率自然而然就高了。

（2）阅读理解能力，不同的人感受不同

阅读理解能力，每个人的标准要求不一样，每个人的感受也是不一样的。一个比较好的阅读习惯，是消除所有概念盲区，打通思维逻辑的全部节点，理顺知识点的逻辑关系。这些都能做到的话，孩子一定可以收获很多。

一篇文章里有个新概念、新名词，如果不知道什么意思，千万不要仅限于在这篇文章或者这本书里找答案，要延展开去查找资料，直到消除概念盲区为止。这在今天网络发达的时代根本不成问题。

（3）看电视和视频，往往只有纯情感起伏，没有思维运转

从原理上来说，语言是一种编码。阅读文字的时候，文字描绘的所有场景都要靠大脑的想象进行还原，大脑一直在跟着转。如果看文字只是纯情感的起伏，思维没有转起来，就没有真正获得文字阅读的收获感。

看电视和视频，就有这种体验。孩子的视觉、听觉，一切直接的感官全部满足了，基本上是只有情感上的起伏，而没有思维上的运转。所以我一直建议孩子们少看电视，少看视频，多看书。

我曾经有一个发现，小时候总爱看电视的孩子，到了中学以后会显得稍微有点儿掉队，这种掉队与先天智商无关，只是因为在要动脑筋的关键期，没有锻炼自己的大脑。

那些爱读书的孩子，思维运转的频率很高。大脑通过对文字描

述的想象还原，本身就是一个思维运转的解码过程，而那些边读书边自我提问，并寻找答案的人，更能从书中吸取知识的精华。

如何培养孩子的阅读兴趣

（1）阅读起步阶段，只买孩子喜欢的书

很多父母给孩子买书，都是按照老师的推荐去买，觉得这些书一定是好书，读了会有用。可是对孩子来说，读书是要有趣的，而不是有用的。所以，要带着孩子去书店，他喜欢什么书就买什么书。孩子觉得阅读有意思，他才愿意打开阅读世界的大门。

（2）陪孩子一起读书

在我的童年阶段，精神世界匮乏，课间十分钟的时候，大部分同学都会参加的一个活动，就是讨论头天晚上看的电视剧。这在现在的学生中，基本是没有的，他们讨论更多的可能是《王者荣耀》。在当年，我们那个时代的孩子对第二天讨论电视剧的内容是很上瘾的，觉得非常享受。

父母陪孩子读书，不是说陪着孩子那种形式上的阅读，也不是指导性地告诉孩子应该怎么读。有的书，父母看起来觉得很幼稚，就不想陪孩子看，这样是培养不出阅读兴趣的。

父母要放低身段，拿出跟同学聊电视剧的状态，像聊电视剧一样，跟孩子聊书的情节、内容。站在孩子的角度交流阅读体验，孩子才能体会到阅读的乐趣。

（3）做杂家，扩大阅读面

在传统教育中，老师总是试图培养孩子的专家观念，希望孩子做到专精。如今学科细分，也是要把孩子往专精的方向培养。可事实上，专家的社会容量极其有限，绝大部分人都需要做杂家。

世界上那些真正的大家，其实都是杂家。牛顿、笛卡儿等，都是涉猎很广泛的。要知道，学者对知识的渴望，不会局限于某一领域，求知欲会在多方面呈现出来。

和那些真正的大家比起来，我们现在所说的很多专家学者，其实严格意义上来说只是科学工匠。我本人之所以没有进入研究领域，就是因为我看到了这一点，对我来说，做个科学工匠的意义真的非常有限。

现代社会，比较有竞争力的人才，一定是文理兼修的。

在古代，精确优雅地掌握语言与别人进行沟通交流，这是人最核心的能力。到了现代社会，科技的重要性越发突出。以逻辑为基础的理性思考，是竞争力的另一个保障。

当然，也有很多才子怀才不遇，但这不是时代悲剧，主要是自身能力有缺陷。很多理科很棒的学生，要么是茶壶里煮饺子，倒不出来；要么是表达方式不对，让人接受不了。

也就是说，只有缜密的逻辑思维能力，没有沟通感染力，或者只有沟通感染力，没有逻辑思维能力，在现代社会都是缺乏优势的。两者能够同时兼备，这是现代高级人才的基本要求，在达到这个必要条件的基础上，再考虑专精的问题。

孩子小的时候，多读些杂书，能让视野更广阔一点，有利于探索自己到底适合什么。

这里所说的"杂"，指的是知识面广。凡事都有动机，读书也要搞明白目标是什么。一般来说，孩子可以看以下几类书。

第一类是饱含情感的文学作品，父母需要跟孩子共情，需要讨论共情，这会激发他们的兴趣。

第二类是人文知识，人文知识大多是谈古论今，孩子没有动机和兴趣，让他们爱上阅读是很难的。一定要让成就感有输出的地方，跟孩子多讨论，让孩子讲给大人听，给他们带来优越感。

第三类是科学知识，要学会对盲点提问，消除所有的概念盲区。读完有收获，产生了知识上的优势，就会让孩子继续读下去。学霸喜欢一本接一本地读书，就是因为他们看到了读书可以进步，于是会主动阅读。

无论孩子喜欢读什么书，对父母来说，都要激发和引领孩子阅读，知道孩子为什么阅读。给他们一些读书方法，让他们在班级里得到认同，有机会展示自己，他们就会爱上阅读。

2

深入、持续的思考能力

什么叫思考，什么叫思维？思维是人类为了解决实际问题而进行的精神活动，思维能力是进行思维活动所需要的主观条件。

什么是主观条件呢？它和客观条件是相对应的。

比如，孩子举哑铃，但是力量不够，他想举也举不起来，这就是客观条件。如果孩子本身不想举，这是由他的主观意识决定的。如果孩子可以借助工具来举，他也很想找到举起来的办法，却不知道怎么找到答案，这说明他缺乏思维能力这个主观条件。

可见，能力有的是客观的，有的是主观的思考与思维。给个简单标准，一个问题，只要靠大脑思维活动就能解决的话，它就是主观条件。如没有思路，大脑空白，提不出问题，没有思考逻辑，都是没有主观条件的表现。

那么，在培养孩子的思考能力方面，应该遵循什么原则和方法呢？

问题是思维的导向

孩子不会思考，主要是因为他没有疑问，不会提问。没有需要解决的问题，就没有后面的一切思维活动。长此以往，他的学习过程，就成了为了学习而学习。

孩子无法提出问题，要从思维的角度帮他解决。真正的好老师，从来都不是知识讲得好，而是会提问。也就是说，问题是思维的导向，是思维的起点。学习的最终目的，是让孩子拥有提出问题的能力及找到解决方法的能力。

对不同学科要有不同类型的提问方法

在工作中，很多人会用到 5W1H 分析法，去剖析自己的工作，提高工作效率。对孩子来说，它也是一种很好的培养思考能力的工具。通过不断地设计问题，提升思考能力。

如果孩子读书时不会提问，他基本就没有什么思考，更谈不上深入思考。如果孩子一直在提问题，恰恰说明他在思考，父母一定要多鼓励。

而且，就像我强调的，一定要让孩子多看书，看不同的书。对于不同学科的知识，如果能根据相应的特点去提问，并做出分析，进而整理出一套适合该学科的提问方法，孩子的学习效率会大幅提高，对知识的理解也会更加透彻。

如何提问？

内容		提问
Why	为什么？	我为什么要努力学习？
What	什么事？ （目的性）	我为提高成绩要做哪些事？
Where	在哪里？ （场所）	我都要在哪里学习？ 家？自习室？还是图书馆？
When	何时做？ （顺序）	我分别在什么时间去安排做这些事情？
Who	谁去做？ （责任人）	我需要哪些人提供帮助？
How	怎么做？ （手段）	我该如何去做这些事情？

知识类的书，比如物理，看到一个定义，至少要想到一个问题，它有什么先决条件？物理是实验学科，没有这个先决条件，后面的所有结论都是无法成立的。

同样的道理，在考试的时候，如果忽视了题目的先决条件，公式也就失去了应用的价值。

以更高的视野角度，去解决问题

学物理的时候，我一直强调降维打击，站在更高的维度、更高的视角去看待问题、解决问题。

学过中学物理或者大学物理刚刚入门的人，有一个很明确的观点：惯性是一种现象，而不是力，但是物理专业的人管它叫惯性力。

为什么有这种差别？因为非专业的人在中学物理课堂上接触到

的思维模式，就是惯性是一种现象。他们觉得，有力的话，就应该有加速度。这是站在惯性参照系里看到的惯性。

如果把思维升高一些，站在非惯性参照系呢？我们就可以说惯性力是一种虚拟力。

在惯性参照系里，急刹车的时候，如果不往前蹿一下，根本停不住。它是在维持原来的运动，这叫惯性。但在非惯性参照系里，这辆车就是受了力，才能往前走，这个力就是虚拟的惯性力。

不要打击孩子的积极性

我小的时候，是一个很爱提问题的孩子，总有很多千奇百怪的问题，父母总是很耐心地为我解答。之所以如此，是因为我父亲小时候因为提问遭受过挫折，我的爷爷奶奶总说他，你怎么老是刨根问底的。父亲心里很有挫折感，他就不希望自己的孩子再经历这些。父亲年幼时提的问题，也许是可以打开一条路的，却被生生堵上了。

所以，我一直认为要对孩子多鼓励，不要轻易打击他的积极性。

很多父母接受教育之后，思维已经固化了。他们头脑中总有一个固定的答案，孩子的答案必须跟他们的保持一致，这无形中影响了孩子的思维拓展。

有的时候，孩子提出的问题确实很荒谬，父母回答不了，觉得这太扯了。但是，也不要打击孩子的积极性。一般的孩子提问，毕竟不像记者提问一样。记者会上提问，只关注提出的问题是不是有水平，而不是回答得怎么样。

孩子呢，提问是想得到解答的。其实，很多父母本能上是希望孩子提问题的，主要是自己没有能力解答，所以才会焦虑。和孩子一起寻找答案，不仅能多方面培养孩子更强大的思考力，也能提升父母自己的知识水平。

对学霸来讲，提问要更有深度一些，不能只提小儿科的问题，要找到真正深层次的问题在哪里。

别迷恋思维导图

很多父母问我，思维导图对学习真的有帮助吗?

我的观点是：有思维能力的人，有没有思维导图无所谓；没有思维能力的人，有没有思维导图也无所谓。

因为思维导图是展示思维的手段，而不是学习工具。它其实更像一个沟通工具，作用是让思维可视化，有助于让别人知道你是怎么想的，但对自身思维能力的提升并没有多大作用。

很多人迷恋思维导图，不在于它能训练思维，而在于它能更清晰地记录自己的想法，便于向别人传递自己的观点。老师让孩子做思维导图，目的是想知道孩子脑子里是怎么想的，对孩子的帮助并不算大。

从某种意义上来说，思维导图也是一个很好的偷懒工具。为什么呢? 把思维导图画出来之后，就像老师写好的板书似的。知识点都列在上面了，看起来一目了然，却很难再激发思考的欲望。

思维导图把知识点储存了下来，但真正重要的是导图背后的思考。过分强调思维导图的重要性，这是本末倒置的行为。

思维的互逆性

比较聪明的人，头脑里能兼容两种互逆的思维，这是智商比较高的一种表现。

一些思维能力比较弱的孩子，头脑中就很难兼容互逆思维。比如，你给他讲一个数学定理，他懂；你直接给他讲这个数学定理的逆定理，他也懂。可是，如果你是讲完正定理，马上带着他逆推逆定理，他就会遇到很大的思维障碍。

这样的孩子，就是单向思维能力比较强，互逆思维差一些。而真正的解题高手，基本上都是互逆高手。

举个例子，以数学题为例，简单题目只有一个思维环节，每个环节三个思考方向，一个方向是对的，其余两个方向是错。难题会有两个思维环节，每个环节同样有三个思考方向，同样只有一个方向正确。而高考压轴题则有三个思维环节，每个环节依然有不低于三个思考方向，而每个思考方向依然仅有一个正确路径。

以比较直观的理解，面对高考压轴题直接从已知到未知去解题的话，如果3分钟能解决一个思维通路，三个环节用不了10分钟就能解出来。但是，真的尝试解题时，每个环节找到答案的概率是

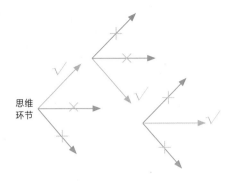

思维
环节

1/3，整体来看，解答问题的概率就变成了 1/27。解决一个思维通路需要 3 分钟，那解这道题就得将近 90 分钟了。更恐怖的是，高考那么多试题，如果按照正向去推，在有限的答题时间内，根本是解答不完的。

一般的学生，就是这样正向推理，一步步解决问题。解题"大神"的思维就不一样，他们会从最终结论入手，看看满足结论需要的条件有哪些。然后再看看题目给了哪些已知条件，通过这些已知条件可以正向推导出哪些二级条件，两者中间一会师，立刻就在迷宫里找到了思维通道。所谓逆向思维，不是让你任何事情都反着想，因为任何事情的正反都是人为规定的，逆向思维的本质是学会互逆思考并进退有余。

3

归纳总结能力

庄子说："吾生也有涯，而知也无涯。以有涯随无涯，殆已！"他表达的核心思想是什么呢？就是只单纯地追求知识，注定死路一条。他要追求顺道而行的知识，去除逆道而行的知识。从本质上来说，就是总结规律性的东西。

学霸们往往更多地追求规律性的东西，那些零散的知识并不强调一定要掌握。普通学生呢，与学霸恰恰相反，非常热衷于追求零散的知识。

当然，学霸的归纳总结，其实是通过不完全归纳而获得一种近似的结论。我一直都认为，归纳一定是不完全的。

关于归纳，我父亲给我讲过一个小故事。

有一位家大业大的老太爷，有两个儿子，他想从中找一个管家产。于是，他想了个办法测试两个儿子。

老太爷给两个儿子每人一麻袋花生，说："给你们个任务，今天晚上剥花生，告诉我花生仁大概是什么样的。"

老大剥了一晚上，手都磨破了。老二呢，大概剥了一炷香的时间，就出去玩了。第二天，老太爷问他俩，花生是什么样的？老大说："我全都剥了，什么样的都有。"老二说："我把花生壳大的、中的、小的各挑了 100 个。然后分别剥开了，我发现，大的都比较饱满，中的极少有瘪的，小的基本都是瘪的。"老太爷立刻就说，钥匙给你了。

老大是大多数人的典型代表，没找到方法，就知道下苦力。他试图用知识的积累获胜，但是没找规律性的东西，没进行归纳。老二用的是不完全归纳，虽然归纳不完全，但是能够满足需求。

当时我父亲给我讲这个例子，我觉得挺受用的。他就是鼓励我找规律、找方法，不用把所有的事都干完。

老大就想穷举，事实上这是一个死胡同，学生一定要学会不完全归纳。对学者来说不完全归纳不够严谨，但是对于学生来说够用，学生需要的恰恰是这种不完全归纳的方法。

"天下乌鸦一般黑"这就是不完全归纳，现在就有白化乌鸦；在英文里黑天鹅代表不存在的东西，但是在澳洲就发现了黑天鹅。

由于完全归纳推理具有一定的局限性和不可实现性，当需要归纳推理的单位数量过大时，就会用到不完全归纳。在归纳推理中，完全归纳推理是极少的，不完全归纳推理则是大量存在的。所以，归纳总结的能力，其实大多是从学会不完全归纳中来。

学霸能够无师自通，就在于他们是不完全归纳方面的高手。他们知道在什么范围内进行不完全归纳，得出的结论基本上可以符合自己的需求。

而一些学习不太好的学生，往往试图进行知识的穷举。父母的观念也是多学点总是好的，结果浪费了大量的时间。

不完全归纳，其实背后是有思考逻辑的。

学习是找规律和用规律，归纳就是找规律，演绎就是用规律。如果一直处在归纳环节，一定是成不了顶尖学习高手的。归纳的同时，要尝试去演绎，就是用这些规律，去反证你的归纳是不是有效。

先尝后买，就是典型的不完全归纳之后的演绎。你不可能把吃的都尝完，尝几个大概知道好吃不好吃，再决定买不买，就用到了这个规律。

归纳法和演绎法，也是数学学习中思考问题的基本方法。

有些父母就经常陷入无限勤奋和无限追求知识的陷阱中。比如，听说某一年高考考的文言文出自《战国策》，就让孩子把《战国策》整本书背下来。很多人听了可能觉得很可笑，但真的有父母会这样做。

这样的做法，是在尝试用知识积累取代规律性的总结，恰恰犯了开篇时提到的庄子那句话的大忌。

文言文学习，孩子需要掌握的，其实是文言文独特的语法和词语的古今异义及通假字等知识，它是有规范性的。只要规范性的东西都掌握了，随便拿篇古文考孩子，大概率都是没有问题的。

归纳总结一种思考能力，是在深度思考的基础上才能体现出来的。归纳总结的核心，就是在不同的事物之间找共性，在看似相同的事物中找特性。或者说，是在特殊里找一般，在一般里找特殊。

所谓特性，就是你区别于其他事物的核心特征。关于这一点，有一个很有趣的故事跟大家分享。

小时候，我跟班里后来考上清华的那个同学争论人是什么的话题。我说古希腊有的学者说人是两脚直立没有羽毛的动物，他立刻反驳道，一只拔了毛的鸡，也是人吗？我就意识到，这就是特性找得不准造成的笑话。

区别于其他事物的核心特征找得准不准，可以考量孩子的归纳总结能力强不强。

分类是归纳的前提

归纳总结的第一个基本要求，是要具备分类的能力。如果不能分类，归纳总结是进行不下去的。分类的依据，应该是本质性的特性。否则，分类就不准确，归纳出来的东西也不准确。归纳总结能力就是通过在看似不同的事物上找到共性和规律，才逐渐形成的。

比如，中国古人把生物分成了"蠃、鳞、毛、羽、昆"这五种类型。"蠃"指的是无毛无甲的生物，如田螺、蚯蚓、青蛙、人等；"鳞"指的是水族，也包括蛇等有鳞动物，以及有翅的生物；"毛"指的是走兽，如老虎、狗熊等；"羽"指的是飞禽，如孔雀、鹦鹉等；"昆"指的是有甲壳的虫类及水族，如瓢虫、贝类……

虽然这样的分类在现代人看来有点可笑，但在那个时代能做到这一步已经很不易了，只不过在现代生物科学的分类面前显得如此稚嫩，透露出古人对本质的洞察力确实不强。

拒绝刷题

很多老师一直强调要重视错题，注重的是检查学习成果，以及对过程的反思。可是部分老师强调刷题，这就是盲目学习了。很多孩子刷题的目的，是要表现自己的勤奋，刷了很多题，却不去归纳总结，缺少对错题复盘的环节，实际上是没有意义的。

题做错之后，老师讲解一下，就把错题抄在错题本上。孩子这样做记住了没有，不得而知。有没有分析错因更无从知晓。那随后的一错再错就不可避免了。

像学霸一样找最短路径

前面说过，学霸的特性之一，是喜欢找最短路径。最短路径寻找的过程，比起那些伪装出来的低效勤奋，是要烧脑很多的。

抄抄写写不费脑子，死记硬背些古诗也不费劲，很多孩子不愿意动脑子，才会用行为上的勤奋掩盖思维上的懒惰。

大部分的孩子，智商都是够用的，差别就在于学习的路径和个人意愿上。

我爱人跟我说过，你能上北大，智商高，我就没这脑子。其实真不是那么回事。我说你有那么多化妆品，每一种的用途、用量、使用时间、使用顺序，你都能记得清清楚楚，这对我来说就是不可能完成的任务。这说明你脑子一点都不笨，只不过不愿意在某些方面用。

很多女孩说自己学不好理科，其实也是一样的道理。在智商基本相同的情况下，谁更愿意去学习、去总结，谁能在学习中更好地取舍，谁就能更加深入和持续地思考下去。

4

重新定义学习习惯

关于什么是最好的学习习惯，我曾经用八个字总结过："勤于动脑，善于思考"。

这是我多年教学经验的总结，也是经过实践验证的箴言。在教学过程中，我与众多父母有过密切的交流，发现那些不认可这八个字的父母，其实是陷入了将生活习惯和学习习惯混淆的陷阱之中。

很多父母说，孩子的生活太邋遢了，书本乱放，脏衣服乱扔，这样怎么能学习好？于是，他们奢望用生活习惯去指导学习习惯，结果碰了一鼻子灰。有一个事实必须承认：某些学霸生活细节确实一团糟，但学习成绩却能名列前茅。

为什么？因为生活习惯和学习习惯是不一样的，他们的生活习惯很糟，学习习惯却很好。

这样的情况，在北大也屡见不鲜。脏乱差的学霸宿舍，并不在少数。学习和生活，会有交集，但从大脑应用上来说，两者是有所不同的。非要生搬硬套，显然不符合科学原理。

有人说，学习习惯是学霸获得好成绩的充分必要条件。他们觉得，只要上课认真听讲，课后认真写作业等基础学习动作都能做到的话，学习成绩一定会好。

这样的结论，我不敢苟同。

学生里有很大一部分，从早到晚地埋头苦读，每天按部就班地完成老师布置的所有学习任务，却不见成绩有大的起色。甚至，部分孩子越学越差，让父母和孩子自己都感到绝望。

有些孩子呢，从来不做笔记，上课也没有很认真地听讲，每次考试却名列前茅。在这种情况下，他们所说的充分必要条件显然无法成立。

后来，我自己也做了总结，我觉得，最好的学习习惯，应该是勤于动脑，善于思考。

首先，它是一个必要条件。如果没有勤于动脑、善于思考这个习惯，你的成绩很难出类拔萃。

其次，它相对接近充分条件。从科学的角度来说，勤于动脑、善于思考是递进关系。但是，勤思考不代表善思考。这是两码事。当然，在学习上，很多事情不是仅靠思考就能做好的。必要的技能熟练和知识积累也不可或缺。

生活习惯像肌肉训练一样，是一种自我约束的要求。早睡早起，天长日久习惯就会养成，然后就能成为肌肉记忆，变成生活的一部分。

好的学习习惯的养成，同样要经历一个阶段，是从有意识地用有效的方法去学，最后变成本能去做。比如预习，不同学科的预习方法不一样，数学按照有效的数学的方法预习了，那效率就大大提高了。

好的学习习惯，一定有正向反馈，什么叫正向反馈？就是能见到效果。

每天背单词的习惯为什么没有坚持下去，是因为反馈不好，觉得没效果，这个习惯就建立不起来，一个星期之后成果丢了，就说明它不是好方法，让人坚持不下去。

所以说，培养好的学习习惯，一定要用正确的方法，让孩子获得正向的激励。如果父母不在意正向激励，随意主张，会让孩子得不偿失。

在语文学习上，孩子如果能坚持预习一个星期，养成赏析理解的习惯，孩子对语文的兴趣就会大增。为什么这么说？在语文老师眼里，能分析课文的孩子是最有水平的，孩子得到老师的表扬，对孩子来说是最好的激励。

如果只是读读课文，大家都能做到，老师没有特意表扬，没有正向反馈，慢慢就对语文失去兴趣了。

数学也是一样，孩子预习好了，上课能轻松回答老师的问题，老师的关注度会提升，能解答难题，孩子也能得到正向反馈。

我现在在做的努力，就是让学生把最有水准的事提前干了。在课堂上回答最有水准的问题，得到最有价值的评价。一旦做成了，孩子的学习习惯大概率就能养成。

我一直强调，不要试图用强制的方法，让孩子形成习惯。这样做的结果，会让孩子变成没头没脑地遵从，反倒不利于培养好的学习习惯。

决定培养孩子的某个习惯之前，父母要客观评价这个习惯是否能够真正给孩子带来变化，观察过程中是否有正向反馈。那么，父母具体应该怎么看待孩子的学习习惯养成呢？

孩子养不成的习惯都是让人不舒服的

好的学习习惯的养成过程，大部分都是让孩子不太舒服的行为，会让孩子出现本能的逃避行为。大人要养成的所谓的好习惯，减肥、吃素等，也是一样的道理。

如果养成好的习惯让人很舒服，那对孩子来说就不是困扰，而是享受了。所以，父母一定要确认孩子做这件不舒服的事，是可以得到好结果的，对他确实有帮助。苦不能白吃。如果父母道听途说，随意尝试，很有可能就是白忙活了半天。最关键的是，白吃这么多苦，孩子做事积极性就会下降。

已经形成共识的，孩子不听

父母和孩子都知道，晨读有好处，但孩子就是不读；每天进行体育锻炼，体育成绩能提上去，孩子就是不锻炼。这类的问题，让父母很头疼。

其实，原因也很简单。

（1）缺乏激励

没有足够的激励，孩子就没有努力的动力。如果告诉孩子，你每天锻炼，一个月之后给你买双你自己特别喜欢的限量版球鞋，孩子十有八九会去锻炼。值得提醒的是，人无信不立。孩子做到了，当初承诺的奖励必须兑现。哪怕花销很大，哪怕这个承诺有点不理智，也要言出必行，否则对于家长的威信和孩子的努力是严重的双重伤害。

（2）孩子对不确定性敏感，不知道是否能得到结果

孩子在不确定能得到什么结果，不知道自己的坚持有没有价值，对未知的事情很迷茫时，是不敢采取行动的。

我在教育儿子的时候，经常鼓励他说，想做好一件事，需要很坚强的意志力。你做这件事也许没有结果，但是你锻炼了自己的意志。包括他读课文，我也说，不想读，就当磨炼意志行不行？儿子说："行，我接受。"结果读着读着，他发现这对他学英语有帮助，然后他就主动去读课文了。

如果我儿子早就知道这么做对学英语有帮助，我根本不用苦口婆心地劝他，他早就自己学去了。但是人非生而知之者，这时候家长就必须坚持要求孩子去做那些确定可以得到良性结果的事情，直到获得结果的那一天，好的学习习惯自然养成。

孩子的学习习惯不好，我也从不认为孩子没有上进心。其实孩子对成功的渴望是极其强烈的，只不过，他们渴望的成功跟父母眼中的成功不一样。他们是渴望成为一个成功的孩子，而不是成为一个成功的大人。

如果养成一个好的习惯，能让孩子在成为一个成功的孩子这条道路上获得正向反馈，这个习惯就是非常好的习惯。

元认知能力

孩子们在读小学的时候，所谓的自主学习能力，可以简单理解为不用父母督促，主动完成各种学习任务，并能主动思考知识。到了中学以后，学生的思考对象不能仅限于知识，应该扩展到自己的学习过程。对学习有一个自我评估、自我反思、自我调整的过程。这就需要元认知能力。

元认知能力的实质是对认知的认知，是个体对自己的认知加工过程的自我觉察、自我反省、自我评价与自我调节，它包括元认知知识、元认知体验和元认知监控三个部分。我们说，认知能力的对象是知识，元认知的对象是对自己的认知过程。

很多小学成绩很好的孩子，到中学之后成绩不断下降。就是因为他们对自己没有评估，也从来没有思考过该如何对自己的学习过程进行评估。

从直观的角度来看，上了中学之后，学习任务不断加重，而学生的学习能力没有同步提高。在他能力把控得住的时候，他能有效完成学习任务。一旦学习任务加重了，能力没有同步提高，他的能力已经把控不住了，成绩下降是必然的。

而那些依然优秀、能够逆袭的孩子，学习能力不是一成不变的，而是有加速度的，这个加速度就是元认知能力。

所以我跟很多初中生说，你们中有的孩子现在成绩很好，可是已经到天花板了。要想再提高一个层次，脑子里就不能只琢磨知识。得分一部分精力，好好琢磨一下你的学习过程。头脑中要有一个意识：老师说的方法不一定都对，不能盲从，要自己思考，尝试找到解决方法。

其中，学习计划的制订和落实，是锻炼元认知能力的好方法。具体操作时，需要注意两点。

制订能完成的计划，不要偏高

制订计划的最终目标，应该是把它完成。制定一些好高骛远的目标去欺骗别人和自己，倒不如不制订这个计划。

很多孩子，刚放假的时候总是雄心勃勃地做计划，说要洗心革面，要努力学习。可是最终拖了很久，到期末了还什么都没做。一问目标是哪所大学，言必清北，却不肯努力学习眼前的知识，这就是给自己定了太高的目标，计划得不切实际。

及时复盘，随时调整

到了一定的时间节点，要及时进行复盘。跟计划相比，是超前了还是落后了，都要及时进行调整。

就跟工作一样，也要按照时间节点去复盘，随时调整计划。实际上，会学习的人大概率都会工作，因为底层的逻辑是相通的，学霸在职场上大多也是成功者。

对大部分孩子来说，元认知能力都是不足的，在制订计划、评估计划方面，都会稍显欠缺。但是，无论最终的计划是好是差，都不能盲目听从别人的意见，要坚持自己的观点。建立积极的自我评价体系的能力，以及自我认知能力，都是元认知能力的重要组成部分。

当年我的一个学生，考试成绩极差，初中时甚至辍学去工地打工。但是后来，他又决定回到学校读书。高中第一次月考，他的英语考了7分。很多老师觉得不理解，蒙也不至于这么低的分。

我问这个学生是怎么想的，他说这就是我的真实水平，我是可以蒙个答案，但是我就无法客观地自我评估，不知道自己究竟比别人差多少。我不乱填答案，是为了看清自己的定位和能力。

听了他的话，我觉得他很有潜力，他的元认知能力，比其他学生高出了很多。第二次月考的时候，他考到了50分。他每一次考试都有进步，最终考上了一本院校。

这个学生，没有在意别人的眼光，而是有自己的一套评判体系，在元认知方面，他是很有天赋的，虽然开始成绩不好，但最终的结果是让人高兴的。

实际上，自我、本我、他我的割裂，是最让人痛苦的。一个孩子如果能有强大的元认知能力，那他在学习及未来的工作中，都会取得让人羡慕的成绩。

刘老师宝库：学习竞争力的关键是什么

在我看来，不同场合和环境下，学习竞争力的关键也是有所不同的。

如果站在功利化的层面，备考时间非常有限，又想取得好的考试成绩，那尽可能向弱势科目进行一定的倾斜，这个性价比会比较高。

如果你眼下的成绩在60分以下，那你是有太多该做的事情没有做，赶紧弥补，提分速度会比较快；如果是80～90分，想提分会比较难；95分以上的话，基本就没有提升空间了。

在中考的时候，把弱科从60分涨到80分，跟把强科从95分涨到97分，其难度和所花时间是不能相提并论的。但是对于升学，20分比2分的价值高得多。

从这个角度来说，起点低的孩子的涨分潜力是最大的。觉得自己学习不行的孩子们，一定不要绝望，只要把所有知识用过脑子的方式过一遍，把学习上最起码该做的事情做了，成绩一定能上去。

有个学生，高考第一次模拟考试，满分 750 分，考了 290 多分，这个成绩，连大专都上不了。高中三年，课本都跟新发的一样。他这种水平，跟着学校的老师复习，基本没任何效果。老师不可能把所有的知识点重新理一遍，不会给他讲最基础的知识。补课是在浪费时间，所以父母跟学校提出，能不能不在学校继续学了。

学校也觉得，孩子这个成绩，确实没有快速提升的办法，同意父母把孩子带回去，但是必须跟学校签个协议，考不上大学不是学校的责任。父母签了协议，就把孩子领回家交给了我。

回家之后，我让孩子每天只做一件事，就是看书，看完之后给我讲，我主要的任务就是认真聆听，只有少数他已经努力思考但是辨析稍显不明的地方稍微提点一下。讲完之后，让孩子把书上最简单的题做一遍。难题之类的，没有时间和精力去顾及。就这样，用过脑子的方式把所有知识捋了一遍。

这个孩子当时真是着急了，开始真下功夫了。我不断给他灌输，只要这么干，考上大学一定没问题。

一个月之后，第二次模拟考试，他考了 340 多分。这个成绩还是上不了大学。我分析他所有的错题，发现错的基本上都包含着高二、高三的知识，只要是高一的知识，他都做对了。毕竟我带着他才刚刚把高一的知识复习完，高二的才开始复习，这个成绩正常。他听我分析后心里踏实了，就继续坚持。之后一个月把高二、高三的基础知识盲点，能清扫的都清扫了。最后，这孩子高考考了 490

分，新学期开学的时候，学校还特意请他给高三学生演讲，分享自己不可思议的蜕变之路。

也就是说，高考总分是750分，只要该知道的都知道了，最基本的题型都拿到分，难题可以不要了，起码可以拿到500分左右。

当时我带基础差的学生的时候，就告诉他们，难题你都可以放弃。考试的时候适当做一下就行。如果有时间，最后两道难题，也别空着，你觉得跟这有关的东西，就往上写。万一能得一分呢！在这种关键时刻，能多一分是一分。

我一直强调教育的目的是让孩子的底线不要太低，所以父母对孩子的要求不要太高。要知道不是非得上北大、清华才能成才的。只要给孩子和自身水平相符合的准确定位，完全考砸的概率很低。

当年，我上高三的时候，没能代表中国去参加国际物理竞赛，心里是很痛苦的。但是后来我发现，跟那些物理学顶尖的"大神"比，以我的智商这就是一条不归路。但是我降维到考上北大的高度，发现自己还是有很强的竞争力的。

说到降维打击，现在有很多说法大行其道，包括小学学完初中知识，初中学完高中知识等，我的结论是，这样做的结果，孩子的优势只是比别人多知道几个公式，多知道几个知识点。

实际上，降维打击是比较适合用在学物理上的。因为初中学的是声光热力电，高中还是声光热力电，大学还是声光热力电。基本知识点是一样的，只是学习的思维高度变得越来越深刻了。

参加物理竞赛的学生，基本上都要学大学普通物理，不是单纯地学具体的知识，比别人多知道一些公式，而是要有更加深刻的思维高度。

比如万有引力，初中生理解的万有引力，是任何物质之间都有吸引力；到了高中，就引入了万有引力公式，知道引力和作用物体的质量成正比，和质心之间的距离成反比。到了大学基础阶段，会利用数学推导过程，来证明引力跟作用力距离的平方成反比，要在数学理论上加以证明开普勒第三宇宙定律。

看得出来，这是一个从只知其然到知其然亦知其所以然的过程，思想高度在不断上升。可是，依然有盲区。力是物体之间的相互作用，所有力都是有作用时间的，是有作用速度的，上限是不能超过光速。高中是不考虑这个问题的，到了更高的维度，这就是个问题。

所有的力的作用是不能超过光速的，但是太阳给我们的吸引力是瞬间到达的。这是不是个悖论？离我们相当遥远的一个恒星跟我们之间的作用力也是瞬间到达，完全不存在作用速度，其他的力却要考虑作用速度。怎么解决这个问题？爱因斯坦给出的答案是：万有引力不是力，是物体质量的存在导致时空弯曲。这就从逻辑上解决了这个问题。

世界不是三维的，是四维的，还要加上时间这个维度。在三维空间里，物体走过的路径，是一条曲线，投射到两维空间里，投影是一条直线。或者说在三维空间里，物体走一条直线；在两维空间里，投影是一条曲线。

什么意思呢？由于太阳引力的存在，地球要绕着太阳转。这是一个共识。可是它真的是个真理吗？

在爱因斯坦看来，在浩瀚的宇宙里，地球不是在走曲线，而是在潇洒地走着直线。因为地球压根儿没受到任何外力的作用，根据牛顿第二运动定律，自然是处于匀速直线运动状态。只是因为太阳质量的存在导致时空出现弯曲，地球在这个弯曲的时空里走直线，从我们的视角看起来，却好像是在走曲线。

你看，爱因斯坦完美地解决了这个问题，但是真的消除所有思维盲区了吗？依然没有。质量到底是什么？物体在万有引力公式中的质量，和牛顿第二运动定律里表现出的质量，真的是一回事吗？

所以说，学习必须站在更高的思想维度，才能解决你思想里难以回答的问题，才可能存在对别人降维打击的可能。

第五章

培养文科思维，基础打得实

文科要想取得好成绩，一定要做到律例结合

多数人认为文科学习主要靠积累，多听、多读、多背就行，可是，如果只处在积累这个层次，就无法达到更高水平。到一定程度

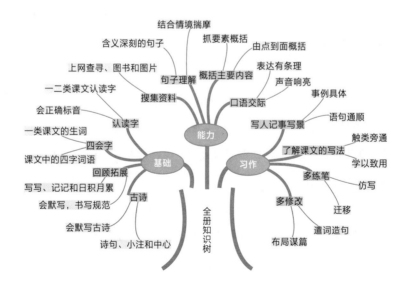

时，文科学习也要进入思考归纳状态，用更文科一些的表达就是进入思辨状态。

知识无穷无尽，积累也永远无法穷尽，孩子心里没有一棵树，没有知识体系，积累便是庞杂的。对孩子来说，任何学科形成圆融的知识体系，最重要的能力都是归纳、演绎。

演绎是把知识转化成能力的根本

大多数文科成绩不好的孩子，都存在相同的问题。那就是正处于找规律而未得的状态，大部分都是碎片化的积累。远不像理科那样，是从找规律到用规律。

其实，对学霸而言，到了学习的中后期，文科、理科都是演绎，因为他们已经找到了相应的规律并熟练地加以运用，可以轻松地持续学习并不断取得进步。

曾经有一个桥段网，专门总结和分析各类电影桥段，把所有的桥段都分门别类。比如，一个比较笨的人陷入危急时刻，面临困境，怎么安排？他要往高处跑，最后无路可逃。香港电影、好莱坞电影，都是用同样的套路，跑到楼上的天台，没路可走了，就跳下去或者被擒。如果是描写一个比较聪明的人，安排的桥段是往下走，最后消失在川流不息的人群里，让追捕者望洋兴叹。

桥段网上，总结出了各种各样的桥段，很多电影都是按照模板直接套进去的。这种高度的桥段搭配，现在已经非常普遍了。在这背后，是有深层的理论研究做支持的，这就是律例结合的典范。包括所有的网络小说，其实都是有套路的，都是在迎合受众的心理。

为什么一定要这么拍、这么写？背后的科学理论是找到一个最大公约数，能满足尽可能多的人群的心理需求。这种律例其实是找到了我们最大群体的心理期待，符合心理曲线的变化。大部分人想要的生活是什么样，期待的结局是什么样，就按照什么样给你安排情节。

我看完桥段网上总结出的电影桥段之后，跟爱人一起看电影的时候，我说，你看吧，下面的情节一定是如何如何发展的。我爱人不相信，说，怎么可能？看完之后，故事结局果然是我说的那样。后来，我爱人都不愿意和我一起去看电影了，她说我总是剧透。

确实，如果生活进入这个状态，那就太没意思了。

有一个笑话俱乐部，把全世界所有的笑话都按照归纳总结进行了穷举，每一个笑话都有一个编号。A 17、B 15、C 95，等等。一个俱乐部会员说 A 17，大家笑一笑；另一个会员说 C 95，大家又笑一笑。

有一个人刚去，不理解是什么情况，就问，你们笑什么呢？有人回答，不懂了吧？每一个编号对应一个笑话，他一说编号我们就想这个笑话，所以笑了。

新来的人什么都不知道，随便说了一个编号：D 26。所有人哄堂大笑，笑得没完没了。新来的人很诧异，D 26 是什么笑话？这么可笑吗？其他人回答，大家笑是因为根本就没有 D 26 这个笑话。

这个笑话的本意，是想告诉我们，不要让桥段毁了生活。凡事都能预先知道流程和结果，生活会失去很多乐趣。但是在文科学习上，对律例的掌握，则对学习非常有帮助，尤其对于考试，可以让你获得极为漂亮的分数。

律例结合的源起

"律例结合"这个概念，其实是我跟朋友聊法律的时候，突然闪现的灵感。

国际上的法律，各个国家是有区别的。英美是经验主义，法德是理想主义，根本性的哲学思维是不一样的。

英国人、美国人不相信有绝对的最终真理，只相信经验是有效的，靠经验解决是性价比最高的，所以英美的法系叫习惯法、判例法。他们判案，主要是参照既有的案例，没有成系统的法律条文。所以英美的律师，基本记不住他们国家所有的法律，因为根本记不过来。

法国人、德国人都相信普适的规律性的东西，他们的法律叫大陆法系、成文法，这些法律能普适社会的所有问题的解决。但是，你会发现，在现实的案例审理过程中，想要准确拿捏这些法律条文，却并非一件易事。

中国《大清律》的全称，是《大清律例》。前面的"律"，是直接引用了前朝的《大明律》，内容基本是不变的，只占这部法律的极少部分。后面的"例"，是不断添加充实的，官员判案的原则，是有例依例，无例依律。也就是说，有现成案例的话，他怎么判你就怎么判，肯定没问题。实在没案例，再翻前面的律，找法律条文自己拿捏去判。律例结合，效率会提高很多。

这个方法，在文科学习中也很有效，所以我从《大清律例》中借用了"律例"这个词，提倡以律例结合的方式去学文科。就是要先学规律性的东西，然后把规律跟现实的案例进行映射，这是语文学习中很高的综合素养。

法律系的学生，进入大学先学成文法，学的是律，之后呢，再研究案例。把法律条文跟案例进行映射，这就是一个典型的律例结合过程。

先找规律，再平均用力

大部分孩子，从小学一年级到高三毕业，一直在做碎片化的积累，只有范例，几乎没有规律。

所以我常常提醒家长们，孩子在小学阶段的时候，一定要重视课本上每单元最后的语文园地。这里面有一定的规律性的东西。先找到规律，视野提升之后再结合案例分析，这样综合能力提升是很快的。

我儿子上二年级的时候，老师教他们缩句、扩句。孩子掌握得不是很好。我就在家给孩子讲主谓宾定状补。我爱人很纳闷，孩子这么小，懂什么主谓宾定状补啊！我依然继续教儿子这些课本上没有的知识。大概一个星期之后，儿子知道什么是主谓宾了。又过了很久，他终于搞明白什么是定状补了。在这之后，缩句、扩句的问题，我就不用再管了。

因为他知道缩句就是把主谓宾挑出来，扩句就是加上定状补，这就是个律例结合的典型案例。从二年级之后，他从来没在缩句、扩句方面遇到任何障碍，考试也没丢过任何分。

在传统的教育理念中，这样教孩子是不合适的，但我想尝试一下，结果证明它是有效的。规律性学习可能一开始比较困难，但是一旦冲过陡坡就是一片坦途。孩子的学习能力很强，父母千万不要低估。

2

语文学习是自主学习的基础

中国文字是方块字，它是全世界独一无二的文字系统。这个字就是学习中国文化、中国语文的基本功。

小学低年级，基本功体现的是不要写错字，这个通过抄抄写写就能解决。

到了中高年级，基本功更多体现的是不要用别字，字别用错地方。它背后体现的能力，则是在不同词语和不同语境下，对字义细小差异的精准把握。语文老师也认可这一点。但是这一点却极难落实，它对孩子的语文基本功有着很高的要求。

基本功打牢之后，孩子对文字的把握就会极其精准，说话、写文章一针见血，字字珠玑。背后的能力就是对字义的精准把握。比如，飘扬和飘荡，同样都是飘，有什么差别？他就能准确地说出来。能说出来，就更能在写文章的时候贴切地去使用合适的词语。

那么，这样的语文基本功该如何培养呢？

小学低年级，有感情地朗读课文

在小学低年级，孩子一定要做一件很重要的事，就是有感情地朗读课文。它比别写错字对孩子的要求更高一些。很多资深的语文老师，都很认同我的这个观点，但是很多学生做到此很难。

我上小学二年级的时候，是班里读课文读得最好的，每次有教研员来听课，老师都会把读课文的重担交给我。

有一次，区教研员和校长都来听课。按照惯例，我负责读课文。没想到我读错了一句话，多加了一个字，读完之后内心极为忐忑。第二天上语文课，语文老师满面红光，特别开心，说刘威昨天的表现极其出色，给我们班争光了。昨天区教研员说了，那个读课文的孩子很厉害。他多加了一个字，使得文章的情感表达更加自然饱满。他居然自然而然地把这个字加上了，这说明他入境了，他深刻地感受到了作者的情感，产生了强烈的共鸣。他学语文是学到位了，很优秀！老师把原话复述了一遍，我瞬间自豪感爆棚。

一些文科特别好的学生，哪怕理科一塌糊涂，也没啥找规律的能力，但是他们就是能跟作者产生情感联结。

但仍有部分孩子，却做不到这一点。读完之后，不知道作者写的是什么，无法跟作者产生共鸣。这种情况是比较普遍的，但是为了孩子的学习，父母可以尝试一下。如果能让孩子跟作者产生共鸣，以后的语文学习会非常省力。这是练习语文基本功很重要的手段，可以让孩子感受文字背后浸润的情感和作者的思想。

中低年级的孩子一旦到了这个状态，尤其是找到一些规律之后，上语文课对他们来说就是一种享受。

爱屋及乌，喜欢文字

孩子一旦在语文学习上有了享受感，他就会处于爱屋及乌的状态。那些与语文相关的东西，对他们来说都是享受。比如，他们会主动想练字、写作文。

很多孩子，觉得练字太痛苦了，要很长时间才能见到成效。但是也有很多孩子乐在其中，觉得自己写的字很漂亮，愿意花时间去练习。这种状态，在孩子小时候会有，如果错过了，到了高年级，依然有机会。如果你的孩子哪天突然想练字了，这就是他语文进入状态的一个很好的契机。

我上高年级时，有一次语文成绩飙升，我就突然想练字。跟着《庞中华字帖》练，学会了好多字体，如魏碑、正楷、行书等。每天写作业的时候，我特意用不同的字体。作业交上去之后，老师说，这孩子太有才了，听了他真诚的夸奖，我对语文学习的自信心再次爆棚。

总是照着字帖练习，很枯燥。我就开始照着古诗练，"绿遍山原白满川，子规声里雨如烟。乡村四月闲人少，才了蚕桑又插田"。很快一首诗 28 个字就写完了。一天下来，不知不觉几百个字就写完了。结果没过多久，就发现课本上的古诗不够写。于是又找来《唐诗三百首》接着练。我在享受练字的过程中，无数古诗也在享受中自然而然地背了下来。不但能背下来，默写也能一字不差（要知道考试都是考默写的）。跟那些痛苦地背古诗的孩子相比，语文学习能进入享受的状态确实是产生本质差异的核心原因之一。

语文是各学科的基础

语文成绩好的孩子，自信心一般是老师给予的。一个语文成绩出类拔萃的学生，基本都能获得语文老师发自内心的欣赏。反过来说，语文老师不欣赏的孩子，很少能把语文学习好。

我一直说，成就感是孩子主动学习的最大动力。数学学习，只要孩子会做题，自然就有成就感，管你老师喜不喜欢我；而语文学习，孩子要不断被老师肯定，成就感才会出现。

既然数学是客观，语文是主观，为什么语文学习是自主学习的基础呢？

这一点，我之前已经强调过，所有的学霸，都是文字型学习者，如果连文字信息都截取不到，自主学习又从何谈起呢？

过去有一段时间，中国很多顶尖中学里的一些极有天赋的数学尖子生，被当作中国数学科研的后备力量，集中到复旦大学培养。负责人就是当时国内数学界的泰斗人物苏步青教授。可是，在之后的过程中发现，相当一部分学生到了大二就学不下去了，根本无法完成学业。

按理说，这么出类拔萃的尖子生，不该出现这种情况。后来苏步青教授发现这些达不到预期的学生都有一个共同点，就是语文学习能力非常差。

后来，复旦大学数学系对准备报考的学生提出了明确要求，录取时先不看数学成绩，先看语文成绩。语文成绩不好，学习基础都打不牢的孩子，数学成绩再好也不录取。不仅数学是这样，各科学习都是这样。我过去曾经说过，一个到了高中，数理化三科成绩都极为优秀的学生，也许英语成绩欠佳，但是语文成绩绝对不会差，否则他的学习能力和分析理解能力根本无法支撑起优秀的理科成绩。

3

学习语文的路径

孩子爱上语文学习，一个非常关键的因素，是获得老师的赏识。这个观点我在上一节中已经讲过。

那应该如何让孩子获得老师的赏识呢？可以通过以下三个层次。

第一个层次，自然阅读

这是比较浅层次地获取信息，以知识、娱乐、情感体验为主，是一个基础层次。

但是，语文的学习并不以自然阅读为基础，也不以内容为核心，而是有它非常专业的法则，语文学习的最终目标，其实是让孩子学会写作。

所谓"外行看热闹，内行看门道"，知道这个法则，我们就要从写作手法的角度去看待所学的课文。它们好在哪里？怎么阅读才能汲取更多的知识？能通过分析去深刻理解文章，找到文章的优秀所在，一切都是以培养学生创作出贴近名篇佳作的文章为目的，这才是语文学习的核心价值。

第二个层次，赏析阅读

第二个层次，是在自然阅读的基础上，学会赏析文章。也就是解决阅读中的疑惑，进行更深度的思考。学生的赏析水平，决定老师对他的评价。

如果能通过预习做些课文分析，在课堂上和老师对话，对老师的提问做出令老师满意的回答，会让学生更容易得到老师发自内心的赏识。就像你跟电影学院的老教授沟通的时候，总是谈电影情景，他会认为你还没入门，如果跟他谈的是剧情的设计、演员的表演和场景氛围的渲染，那老教授会觉得你已经达到相当水准。

在语文学习中，也是一样的道理。老师能对孩子的赏析能力给出极高的评价，在高年级及中学阶段，这些孩子无疑会成为其他同学仰视的对象。

第三个层次，理解汉字中的中华文化

中国的汉字中蕴含着中华传统文化，从象形字演化至今，这个过程就是语文传承和发展的根基。如果孩子能到这个层次，那么他的语文水平已经是卓越超群了。

中国汉字有很多一字多义的情况，孩子掌握起来很难。我的主张是，孩子一年级的时候要去查字典组词，这样他可以知道字义、词义的关联。

其实高考时语文学科对基础知识考查的也是字义的辨析、词义的辨析、错别字、多音字这四个重点。

语文考试出错的根源，主要是多音字的辨析。读音不同的情况下，字义也是不同的。比如，新鲜一词有时读一声，有时读轻声，字是一样的，需要通过读音来分辨字义。但是，很多语文老师并没意识到可以通过这一点把字义给孩子讲清楚，在复习的时候习惯罗列词语，让孩子死记硬背。

实际上，如果孩子能分辨读音和字义，知道新鲜的"鲜"指的是"刚生产、刚采摘或刚制造"的意思，而鲜见的"鲜"指的是"少"的意思，那么在具体的词语中，他就能准确地分辨同一汉字不同的字义和读音。

孩子总写错别字，分不清同音字，不了解词语、文章的意义。甚至在中考、高考的时候都在这些题目上丢分，其根源就在于小学阶段基础没打好。所以我说，对字义的理解，是语文基础知识学习的根本。

如果我们从小学阶段就开始重视孩子对字义的感受和学习，对他进行精准的语言表达是有很大帮助的。

孩子对语文理解的不同层次，决定了老师对他赏识的程度。从低层次到高层次，赏识程度越来越高，学习的难度当然也越来越大。父母对孩子的要求，不要过于苛刻，孩子的成长，需要时间和空间。

在小学阶段，要让孩子慢慢练习，逐渐积累，因为语文基础知识的学习，大部分是在这个阶段完成的。大多数孩子的赏析阅读其实在小学阶段就已经完成了一大部分。到了初中、高中，他在语文上投入的精力会越来越少。后两个阶段，孩子主要学的是律例结合，在学课文的过程中不断地对语文规律产生更深刻的认知。

如果用一幅图来表现语文学习的话，它就是一个慢慢爬坡的过程，过了这个坡之后，便是一片坦途。也就是俗话说的，"孩子已经开窍了"。

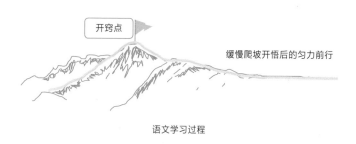

语文学习过程

如果孩子能带着专业的眼光去看文章，一直看篇幅越来越长的文章，越来越有深度的文章，他对律的理解会更加深刻，对语文的认知自然就提上去了。

而且，这个坡一定要在小学阶段爬过去。到了初中之后，孩子是没有时间回头去弥补的，而且想补也补不上。因为语文知识的特点是，孩子小学时学到的那些基本知识，到了中学依然会被运用到。小学掌握不了，初中想要逆袭基本就是一种奢望。

哈佛大学校长查尔斯·威廉·埃利奥特，在职期间曾经说过："在对一个淑女或绅士的毕生教育中，我认为只有一种智力开发是必要的，那便是精确而优雅地运用母语进行交流。"这个观点我是非常认同的。

读书是低层次，分析是高级的层次，字义的理解则是更深层次。到高层次的时候，孩子基本上已经进入找规律的过程了。对字能够熟练运用的时候，就已经到了用规律这个入口了。从阅读开始，到字义理解的升华，随着层次的提高，孩子对语文的热爱也越来越强烈。

4

阅读写作不分家

我一直认为，学习语文不是单纯地学习语言，是学习文学的创作。也就是说，语文的学习，应该是最终以写作能力培养为目标的。要达成这个目标，孩子必须先学习阅读。为什么这么说呢？因为阅读写作不分家，它们是同根同源的关系。

正确理解阅读

很多父母觉得，阅读就是看书，是在积累词汇量。其实不然。单纯地看各种课外书，是在重复地接收相同的信息。这种自然阅读，跟老师在课堂上带着孩子赏析文章的阅读是完全不同的。

可是，因为它们都叫阅读，所以对人有很强的误导性。很多父母为了解决孩子在阅读理解方面的问题，就让孩子多读书，可是书读了很多，考试中阅读理解部分仍然没有起色，原因就在于此。

所谓阅读理解，是用专业写作的手法去评价、赏析名篇。这个赏析，不是只简单地去思考内容好在哪里，还要分析标题为什么这样取、情节为什么这样设计、布局谋篇为什么这样筹划、叙事顺序为什么是这样发展的、为什么运用这样的描写手法、为什么用了这样的表现手法、文章的中心思想是什么，写作目的是什么，等等。

这些问题的背后，其实都是写作知识。在创作之前，孩子可以用这些知识去看待名篇，看待作者的写作手法，去思考作者是怎么合理地运用这些写作手段的，也就是通过赏析优秀的作品，指导自己的写作，把在名篇中学到的实际经验运用到自己的文章中。

这就像电影学院的学生，大一入学要先学习理论，教授会带着他们欣赏最经典的影片。让学生结合自己学到的电影理论，去分析这些创作手法在电影中是怎么运用的。到了大三，学生可能开始实践，做一些导演的工作，做一些剧本的编写。这个过程，也是先学理论，然后带着理论看优秀的作品，再然后才开始自己的创作。

阅读理解与写作的关系

语文的阅读理解和写作就是这样一种关系，用写作的手法结合名篇的精妙运用，去写自己的作品。从这个角度来讲，学语文，是阅读写作不分家。

课堂上，老师带着孩子分析文章结构、分析写作手法、分析创作背景，等等。为什么要分析，就是告诉孩子这个结构是清晰的，用了这种修辞手法感染力强，只要照着这样写文章就是很好的。

一切文章的阅读理解，都是为了学会怎么把文章写得更好，赏析阅读教育的目的是培养学生的文学创造力。孩子写作文的时候，手法运用得很好，他再去看好文章，会发现确实这些手法用得很好。孩子再把同样的写作手法运用到自己的作文中，会得到老师的赏识，促使他对写作手法有更深刻的认知，这是一种相互促进的关系。在持续的相互促进中，孩子的阅读和写作能力都会得到提升。

但如果这一点理解不了的话，语文学习永远都开不了窍。明白这一点之后，从初中到大学，阅读和写作的问题就都迎刃而解了。

说完了阅读，我再谈谈关于写作的理解。

写作能力的培养

在孩子的个人能力方面，我是很相信"能力链"这个概念的。孩子的能力是一个体系的整体构成，培养能力要满足前置条件才行。写作能力的培养，同样如此。

一、二年级的时候，我主张让孩子先写流水账，能写出来再说。有了这个最基本能力的前置条件，再加字写流水账。很多父母给孩子报了很多辅导班，学了很多创作理论，可是都没有效果，就是因为孩子的能力链有所欠缺，根本没到这个位置，连前置条件都不具备。写作文要求 500 字，每次写 200 字就已经写不下去了，还给他讲写作理论、基本结构，有什么意义呢？所以，写作文先得把字数的问题解决掉。流水账写到100字，再加到200字甚至300字，在完成这个基本工作之前，其他的事情都不要考虑。

到了三年级，开始讲文章的基本结构了，这也是正式开始作文课的时候。小学生的作文，在三观正确的前提下，只要文章结构基本清晰，开头点题，结尾扣题，没有不通顺的问题，那作文基本不会扣多少分。

在小学高年级，孩子们有了一定的积累，字数能写够了，往往会开始单纯地追求华丽的辞藻，名言佳句的堆积，导致文章空洞无物，无病呻吟。看着文章很华丽，却不知道想表达什么。很像辛弃疾那首词说的："少年不识愁滋味，爱上层楼。爱上层楼，为赋新词强说愁。"这个问题，往往是很多好学生最容易掉进去的陷阱。在度过这个阶段之后，孩子会发现，质朴但极具穿透力的文字，才会让读者产生心灵的共鸣。

进入中学之后，作文的立意是第一位的，想表达什么一定要说清楚。常说"天下事非情即理"，到底是讲道理还是抒发情感，这个前提要把握好。立意不清，还是会回到无病呻吟的误区。立意清楚了，想法确定了，再适当追求一些修辞手法，基本就能满足中学阶段的作文要求了。

阅读和写作，本是同根生的两个兄弟，两者互相扶持，互相促进，可以让孩子的语文学习如虎添翼。

5

掌握规律，学好古文

一提到学古文，很多父母和孩子就直挠头，觉得文言文字义深奥，表达机械，枯燥难懂。实际上，文言文比现代文好学得多。学不会，学不好，是因为没有掌握学习的规律。

如果能了解几个方法技巧，古文学习的效率会提高很多。

掌握古文学习的底层逻辑

所谓古文学习的底层逻辑，就是以概念为先。知识、语言、表达都是概念，遇到不懂的概念要先消化。

为什么呢？简单点说的话，我们说的每一句话都包含无数个概念，概念组成命题，命题组成知识体系。

也就是说，概念是语文学习基础中的基础，先理解这个底层逻辑，古文学习才能顺利进行。

掌握文言文的语法结构

文言文的语法结构和现代文有很大不同，它的用字很简单，写作规律很清晰。

比如，现代文中，死，可以说就义、牺牲、亡故、逝世等，说法很多，也没有固定的用法。古人说死，天子死叫崩，诸侯死叫薨，士大夫死叫卒，老百姓死叫逝，这是为了表示尊重，用法很简单，规则很明白。而现代文，看到不同的字，要能跟相应的对象产生联结。所以说掌握了基本的语法结构和规则，文言文的学习就简单多了。

了解词语的古今异义

词语的古今异义不同，同一个字，在古代和现代的含义是有所差别的。

比如"走"这个字，在现代文中的含义就是大家平常理解的走，但在古文里，它是跑的意思。而古文中表示"走"的字，是行。文言文的规则是相对清晰的，对它的学习，忌讳死记硬背，主要研究语法，研究规律，掌握规律之后，再尝试运用规律解读文言文。

在这一点上，跟我一直强调的自主学习的要求，也是一致的。所有的知识都是学会的、悟会的，而不是背会的。当然，我不是反对背，而是要在理解整体框架、知识的基础上再去背。

对付长篇背诵，我还有个绝招，就是默写替代背诵。在白纸上默写，效果比背诵更好。

建立对应关系

很多孩子语文基础非常差，古文默写，天天听写天天错。因为不认真、没兴趣，导致对字的理解有偏差，没能在头脑中建立起文字与架构的对应关系。得先明白意思，再用默写替代背诵。

如果是数学题，做的时候想偷懒都很难，问一加一等于几，脑子至少得思考一下。抄写生字、错字的话，抄十遍、二十遍，都是可以偷懒的。孩子的手虽然在写，但是他没走心，小和尚念经，有口无心，也就没有获得感，没有成就感。

可是孩子一旦被老师赏识，有了成就感，他会觉得一个字都不能错，自己那么高的水平不能犯低级错误。他会不断追求准确和稳定，容易的题目，绝对不能丢分。

具体到古诗文学习的话，会有同样的心理。孩子想要表现得更好、更有水准的部分，是他对古诗的背景和历史，以及作者写文章的立意，讲得比老师都精彩。这样的话，他的境界又高了一层。

孩子被老师赏识，加上练字抄诗，他会从外在和内在同时表现出由获得感而来的成功感。此时，他对语文的兴趣会变得非常浓厚。

实际上，孩子愿意学习文言文和古诗词，真的就是因为被老师赏识之后，他感兴趣了。就像前面说过的爱屋及乌，只要跟古文有关系的知识，他都会去努力钻研。钻研的目的，是得到更多人、更多层面的赏识，尤其是有水平的老师的赏识。

语文和数学的学习真的存在差异，学好语文的根源首先在于如何得到老师的赏识。有了这种赏识，所有跟语文相关的难题都不是难题，所有的粗心大意都会变成谨小慎微。

背诵古诗之类的方法，都不是学好古文的好方法。如果没有得到老师的赏识，这种背诵就是一种死记硬背。人的记忆速度变快一些，是有办法的。但是让孩子讲一下古诗讲的是什么意思，蕴含什么道理，孩子如果没有吃透的话，一般是回答不出来的。

孩子得不到老师的正向反馈，对古诗文的学习产生逆反心理，无论怎么逼着他去学，他也学不到真正有用的东西。

6

打破误区，经济有效地学英语

很多孩子，数理化学得很好，就是英语学不好。他们不笨，笨的话数理化肯定也学不好。

为什么这么说？因为数理化需要下功夫和思考，英语只要下功夫就行，基本不用深入思考。显然，学英语比学数理化轻松得多，回报率也高出许多。对于中高考来说，数学和英语的分值权重相同，难度却截然不同。放着高性价比、高回报率的英语分数不拿，偏要花费更多时间尤其是更多精力去拿数理化的分数。这个账都没算清，你说这些孩子是不是应该再斟酌一下？

比如，同样的时间和精力，孩子学数理化，每科收益是60分；学英语的话，收益至少是80分。孩子连数理化都能学好，没有学不好英语的道理。只要先把账算清楚，再肯真正下些功夫，英语成绩会上升得很快。

在现实生活中，花钱能解决的事都不是事，在学习上同样如此，下功夫能解决的难题都不是难题。实际上，孩子英语学不好，一个重要原因是没有应用的场景，在中文环境下犹如屠龙之技，这些聪明的孩子很困惑花那么大力气学英语到底有啥用？那么把这笔账先算清，是解决这个困惑的最佳办法。

另外，英语学习中的一些误区，对孩子的学习也有很大的阻碍。

误区一：怎么学语文就怎么学英语

这其实是很多英语教育专家的观点，怎么学的中国话你就怎么学英语，这种学习方式最好。

这个误区属于典型的忽略大前提造成的谬误。很多人没学过逻辑，根本不知道大前提的重要性。英语教育专家恰恰忽略了孩子是处于中文汪洋大海的使用环境中，不可能让英语学习获得跟母语学习一样的外在环境和初始条件。

在中文环境下让孩子的英语学习强行进入母语学习的状态，父母是没有考虑成本的。就好像人需要空气，在母语环境下创造浸润式的英语环境就好比在深海下 200 米强行开出一片空气来。目的也许能达到，但是成本太高，对于绝大多数家庭来说根本不可能实现。

基于上述看似合理其实荒谬的学习理论，就是所谓的浸润式学习，这在很多低龄儿童的父母那里颇具市场。什么是浸润式学习呢？现在提供浸润式英语学习的培训机构，它们充其量不过是一种伪浸润，就是故意把条件遮掩住，让父母看不到结果。父母会给孩子花钱请一对一外教，每周两节外教课，孩子的积极性很好，貌似在课堂上也有点效果。可这种并不是真正的浸润，不过是间隔一段时间把孩子扔进水盆里蘸一下，然后立刻拎了出来。

所以说，如果孩子学英语只是为了应对中高考这样的学业考试，那就先针对目的选择最合适的学习方法，才能取得效率，保证效果。

误区二：英语成绩很差，就报辅导班补习

孩子英语成绩差时，父母首先想到的是报辅导班。

我认识一个专门教基础差的学生的辅导班老师，他教得极其好，英语差到父母都想放弃的孩子，谁辅导都没用，可是去了他那里之后，孩子英语成绩上来了，逆袭了。我私下问过他，是怎么教的。他说什么都不教，都是偷着带孩子背单词，不能让父母看见。他就抓住这一点，只要孩子背下来的单词被检验过关了，就足够了。单词都无法掌握，语法知识更是掌握不了，足够的单词量是学习语法的前置条件。

英语成绩很差的情况下，不用报辅导班学习句型结构和时态之类的语法知识。家长一定要带着孩子努力背单词。别说怕苦背不下来。同样的事情不同的人做，结果差异很大，归根结底就在于每一个环节，是否有明确的要求，是否能达到要求的标准。

误区三：文化自信，英语成绩不好没关系

现在提倡文化自信，语文考查的范围变大，很多父母觉得英语成绩差点就差点，问题不大。甚至于，部分父母觉得可以不学英语。对此，我是完全反对的。我有一个明确的观点，英语一定要学好！它能够极大地提升人主业发展的天花板。也就是说，在人有一个主业的情况下，无论是科学研究，还是金融商贸，如果把英语学好，主业发展的天花板立刻能提升一大块。毕竟英语目前依然是国际第一大语言，英语系国家也比较发达。

但是，最好不要把英语当成主业，这碗饭是不好吃的。在美国，后悔率最高的专业 TOP 10，英语专业排第一。

美国人在美国学英语专业，就像中国人在中国学中文专业一样，学的都是单纯的语言。除了极少数象牙塔里的语言学家，多数人只有语言工具却没有施加助力的发展行业，那就成了无根之水，无本之木。

对于想学英语的人来说，这个科目也没有想象中那么难。前面说过，英语学习不需要太多高深的思考，在思考力方面没有数学、物理那么强劲的需求。但是它需要孩子注重平时的积累，每天背单词，练听力，发声朗读英语课文 10 分钟，日积月累就会有明显效果。

我常常教很多基础差的学生用这个办法经济实惠地学习英语，取得的效果很不错。语法、句式之类的问题，先不理会。先把单词

积累够了，再通过持续 10 分钟的朗读培养语感，成绩提升会很明显，成绩进步了，有了兴趣，孩子愿意学了，英语难的问题就算解决了，万事最难的是开头。当然，我不是英语老师，给出的建议可能没那么专业。但是，我依然愿意和大家分享我的经验和体会。

7

应试英语的逆袭之路

我不是英语老师，很难从专业知识的角度给大家分析英语应该如何学习才对。所以，我就站在应试英语角度的学习上，讲一讲应该如何逆袭。

我的观点是，英语逆袭至少要有词汇、语法、语感这三者的结合。词汇过关了，英语成绩就不会差，之后系统地学习语法，可以进一步大幅提升成绩，最后靠长期积累的语感把成绩提高到接近满分的状态。

积累足够的词汇量

词汇量不够的话，后面的一切都免谈。词汇过关了，英语成绩就有了起码的保障。英语词汇量的积累，对学习和逆袭都会起到很重要的地基作用。

系统学习语法

有了足够的词汇量保证之后，通过系统地学习语法知识，可以在极短的时间内，大幅提高英语成绩。

冲刺阶段靠语感

百尺竿头，更进一步。应试英语获取高分的最后一段冲刺，要靠语感来实现。

对于很多学生来说，比较现实的方法就是每天大声朗读课文，这是成本低且有效的。如果孩子的目标是中考、高考英语，这三者结合就足够了。

在北京大学里，学霸们一般有两种学习英语的途径：一个是英语角；另一个是听英文电台。很多人可能说，这两样我都做到了啊！事实上，绝大部分人根本没到获得语感的这个阶段，听的话也是表层知识的积累。包括父母让孩子看英语动画片、看美剧，希望通过这种方式让孩子提高英语水平，其实对于小学高年级以上的学生收效甚微。

在冲刺阶段，英语的提升不是简单地听电台、看美剧。因为大部分人都跟不上电台和美剧的节奏。听了、看了，也不过是跟着听个或看个热闹罢了。

我儿子很喜欢玩游戏，在互联网上经常会和外国人组队。他的队友们都说英语，他跟他们聊天，都得用英语交流。慢慢地，他蹩脚的英语口语水平就提高了，能跟上队友聊天的节奏。我就跟他说，记住了，上了中学还玩游戏的话，就把中文包全给删了，直接玩英文版。他和队友用英语沟通是双向交流，效果比单向输入的听好得多。

在学习的过程中，很多孩子都会遇到一个相同的问题：英语单词到底对应的是我们中文的汉字还是中文的词语？

其实它更像我们的汉字，汉字是什么特点呢？一字多义，而英语单词的特点是一词多义，对吧？那么我们是怎么学的呢？小孩子为什么上一年级学了一个字以后要组很多词？学了"上"字，还要学"上学、上进、上升、上班"，看似都是废话，但是实际上他就是在积累词语。他用的时候是直接用"上学"，不是用"上"和"学"去组的。中国人听英语的时候有个习惯，就是跟不上，为什么跟不上？因为没形成条件反射，语言一定有条件反射才能跟得上。而外国人说英语的时候，跟我们学汉语一样，是不假思索的。

我们习惯用逻辑听英语，就像一个短语里面有个 study，在这个短语里，它的意思是学还是研究？我们瞬间思索这样的问题，后面的内容自然就疏忽了。

如果外国人学了"打"，也学了"车"。你跟他说打车去吃饭，他会怎么想？他是先想，打是什么意思？车没犯错，那为什么要打车？这跟我们听英语常犯的逻辑错误是一样的。

在英语环境中，没有四字成语，但是有意群短语，如 go to school，

go shopping 之类。在用的时候，它们是一个整体，只要说出来，这个短语就是固定的意思，不需要分析 go 在这里怎么翻译，to 在这里是什么意思，到底是动名词还是不定式之类的。

实际上，英语的句子结构比汉语简单，主语、谓语、状语等，都变成意群短语一起记忆，说的时候就可以脱口而出。

所以说，让孩子学习英语，实现应试英语的逆袭，背句子其实不是最重要的。把意群短语学好，运用好，学习就会事半功倍。

另外一个很常见的现象是，很多中国孩子英文写作喜欢用长句，而且越是逻辑性强的孩子，学习成绩好的孩子，越爱用长句。他们并不知道，美国人说话其实爱用短句。孩子能用长句表达，真就是靠自己的逻辑性思维。

那么，孩子学英语，到底是为了考试还是实际应用？两者的路数并不完全相同。我在这里提到的方法，多数都在于应对考试，属于应试英语学习的技巧。

刘老师宝库：培养文科思维的重要性

文科思维的重要性，不言而喻，在学习中的展现，孩子们都深有体会，在生活中，我也有很多感触。在我身上，有很多与文科思维相关的故事，它们影响了我的一生。

我爱人的父亲，也就是我的岳父，是一位校长，身上散发着浓浓的文化气息。我记得第一次跟他见面的时候，他跟我聊墙上挂的书法。问我这首诗是谁写的，我说像"明月松间照，清泉石上流"这种诗中有画、画中有诗的诗，除了王维谁还能写得出来。

我没有简单地告诉他作者是王维，那样显得很肤浅。我给他的回答，瞬间提升了层次，让他非常满意。就这样，只是一句话，基本就把他老人家打动了。

总结多年来学习文科的经验和收获，我发现文科思维跟情商的发展真的有很大的关系。

从心理学的角度解读，情商是控制、调节自己情绪的。而在大众眼中，会为人处世才是高情商的代表。这种理解更侧重的其实是感知别人的情绪。也就是说，传统学术定义的情商跟大众理解的情商是有区别的。

在大众眼中，所谓的情商低就是感受不到别人的情绪，别人已经很烦你了，你还不知趣。高情商的人则能感知别人情绪的细微变化，营造良好的氛围，让别人觉得舒服。再进一步的话，可以感知别人内心更深处的需求。

反过来说，你没有感知力，无法感知别人的需求，那你就会得罪人，带来一些不利的因素。

比如，你爱人要买件很贵的衣服，征求你的意见，到底要不要买。你基于理性分析，觉得不能买。可是，她征求你的意见，是希望你帮忙做出决定，肯定是希望你同意她的意见，满足她的需求。所以，当你把"不买"这个答案告诉爱人的时候，她的情绪会变得很糟糕。

一个家庭中，一旦女性的情绪不好，那么整个家庭都会受到传染。与其如此，何必拒绝她呢？情商高的人，会说"真有眼光，买它"，虽然有些破费，但全家开心，何乐而不为呢？

情商高的人，不只会夸人，也会气人。而且他们真想气人的话，绝对能把人气疯。文科学得好的人，似乎都有这样的特点，包括谈判高手、预审高手等。他们都特别能抓住人们的心理弱点，把对手一举击溃。

我父亲就是情商比较高的人，他有个显著的特点，看电视看到令人义愤填膺的情节能气得火冒三丈、咬牙切齿，我好像也没太多感觉。我儿子跟我的父亲很像，看到坏人会生气，咬牙。可见他们祖孙俩的情绪代入感很强。相对地，我儿子跟同学关系处得也比较好，在学校人缘颇佳。而我在学生时代更像一个独来独往、活在自己世界里的扫地僧。

跟人相处的过程中，这种情绪代入感是非常重要的。

当然，我之前也说过，不要让桥段毁掉生活，各种电影的情节，其实都是套路，但是如果过于理性，生活就会变得无趣。所以有的时候，我也故意舍弃理想主义和经验主义，走中庸之道。很多时候，情感也是一种特殊财富。

还有一件事情是，我之前当老师的时候，跟学生说过，你们想不想获得大众意义上的所谓的成功？我可以提供两个实现的方法。

第一，你本人真牛，你有不可替代的才华，不可替代的作用，这确实谁也挡不住。尤其在如今这个年代，有很多展现自己的平台，人才被埋没的可能性少之又少。

第二，你没那么牛的本事，但是你能让很多牛人都心甘情愿地帮你。有很多孩子，就有招人喜爱的特质，很多人就是愿意帮他出主意，给他提供帮助。这样的孩子，也是有很大的机会获得成功的。

我所看到的孩子，大部分都属于第二类，并没达到天赋异禀的程度。虽然在很多父母眼里，自己的孩子能上天入地，无所不能。但从客观实际出发，大部分的孩子，天赋和能力上还是一般者居多，但借助别人的帮助取得成功的机会无疑也会高很多。

所以，让孩子试一试，让别人喜欢上自己，这跟情商高低有直接的联系。在我看来，情商低的人，背后是文科学得不好，文科思维不够丰富、严谨，让他们不懂得感知别人的情绪。

　　要改变这种现状，用思维带动情商的提高，我建议让孩子们多读读文学作品，尤其是一些饱含情感的作品，会让孩子对情绪有更加细腻、真切的体验。

第六章

培养理科思维，进步看得见

1

学习小学数学，从改变认知开始

数学一直是重点学科之一，对孩子的计算能力、空间想象能力、逻辑思维能力都有锻炼和考查。小学阶段虽然暂时不涉及那么复杂的能力，但父母的认知不变，孩子未来的学习也难免走偏。

数学不等于算数

在老一辈人的认知里，数学就是算，算是什么呢？算数。算是第一位的。我不否认，算是数学里很重要的一部分，但它也是数学里最没有含金量的一部分。对算要加以重视，毕竟孩子要考试，但也不要过度重视，更不至于天天练习口算。口算不像想象的那样重要，没必要从一年级开始就灌输苦练算数的理念。而且，小学的计算和中学的计算本质上是不同的，中学的计算是逻辑推演，不是单纯的计算数字。

父母教孩子学习计算的过程中，注意三个要点就可以。

小学低年级阶段，要掌握 20 以内的加减法，并且要形成内化，孩子不用脑子想，凑十法、平十法都不用想，凭直觉（可以依赖口诀）就能得出答案。

五、六年级阶段，要掌握分数运算法则。计算和运算的区别是什么？运算是运用计算法则去解决问题。

到中学以后，单纯的算数已经很少，主体都是代数式的逻辑推演，几何基本不需要计算，而到了一定高度，也是逻辑推演。

数学不是教的，是悟的

我们一直提倡的教育大原则，是让孩子自己学明白。数学也好，语文也罢，都是一样的道理。

老师讲课，只起到辅助作用，孩子只有自己思考才能真正学懂。小学阶段知识比较简单，老师一讲，孩子稍微一想就能明白，父母可能误以为知识是老师教会的。到了中学，知识变得复杂，不经过深入思考，老师讲得再多，也是老师明白，孩子不一定明白。孩子一定要自己把知识的来龙去脉想明白，才能完成自我知识建构的过程。很多学生数学不好，就是因为没有自我构建的过程。

小学时，只要足够仔细、认真、勤奋，成绩就不会太差。到了中学，发现学习难度增加，就加大仔细、认真、勤奋的力度，但这样是不够的。这种盲目使力的结果，就像大象陷进泥潭里一样，越是挣扎陷得越深。根本原因就在于，孩子在知识的自我建构过程中有所欠缺。

先上道，后开窍

小学生的父母，对孩子不要有太高的要求，不要过于追求完美，苛求满分，只要知识都明白，技能都掌握，即便有少许粗心马虎的小错，也不必过于计较。更不必报很多所谓的培优班，从培训老师那里学习太多花哨的解题技巧。这些意义都不大。而加深对校内知识，尤其是基本概念的深入辨析，引导孩子多主动思考，明显有更大价值和意义。

在这方面，父母要多着眼于未来。只要孩子走上了掌握知识自我建构这条道，开窍是迟早的事。对父母来说，让孩子尽早地走上自学自悟的道路，这才是正途。

养成预习的习惯

预习是让学习成绩保持优秀的必要良好习惯，越到高年级越明显。但是对于预期，很多父母有一个错误的观点，他们很怕孩子预习完后就不认真听讲了。实际上，大部分孩子在预习之后，上课反而更加投入，更加积极地回答问题，因为他们通过预习，已经知道了自己哪里不会。在整个小学阶段，都应该提倡以"先看再教"的方式去学习数学。

我一直强调，孩子的数学都是自己学明白的。这跟孩子聪不聪明，基本没有关系。小学阶段，只要养成领先课堂半步的预习习惯，到了中学基本不存在理科学习能力下降的问题。

别给孩子讲太多

我遇到的另一部分父母，很喜欢给孩子讲各种各样的知识点、学习要点等。用一个让人很不舒服的形容，很像是把馒头嚼碎了再喂给孩子。他们觉得这样便于孩子吸收，实际上，这是对孩子的一种伤害。

我们前面提到过，老师一讲孩子就明白的课，对孩子的学习成长不利。给孩子讲得太多，面面俱到，他的阅读能力、深度思考能力，以及自我归纳能力，都没得到锻炼。这跟喝粥是一个道理，为了锻炼消化能力，人不能总是喝粥。

古往今来，无师自通者比比皆是。但是老师讲得再好，学习者不动脑子能学会的，却一个都没有。很多时候，孩子努力了，但是没有达到预期的成果，为什么？

就是违背了数学是学生自己学明白的这个大原则。

尽早让孩子进入自学状态

理解了孩子数学学习的大原则，那么事情就简单了。最好的方法就是让孩子尽早进入自学的状态。让孩子主动思考、主动学习，而不是什么都等别人讲，等别人教。

在北京四中流传着一句至理名言，它是刘景昆老师的原话："理科难懂之处，只有想通，无有讲通。"这句话我受用至今。当初我就是这样学习的，也希望孩子们今后在理科学习上能有所借鉴。

可能有家长想不通，既然都要学生自学了，还要老师干什么？很简单，理由有两条：第一，学校不仅仅是学生学习知识的地方，也是学生学会社会生存所依赖的环境。老师的重任除了教书之外还有育人。第二，到了中学，尤其是重点中学，老师是用来问的。你哪里没学明白，就主动向老师去求教，越是好学校，这一特征越发明显。

2

学好数学，善于发问

在理科学习上，我们一直提倡精读、深思、勤归纳这一基本方法。具体到不同的人身上，会有不同的表现，什么叫精、什么叫深，每个人的理解和标准是不一样的。就像对勤奋的理解，每个人都是不一样的。孩子和孩子在学习上的差距，就体现在这里。

很多父母觉得，像读语文课文似的，一字一字地认真看一遍，那就叫精读。但对理科学习来说，这是不适合的。有的孩子对读理科书的理解更简单，像看小说似的，随便翻一翻，就把书看完了。这样显然不符合精读的需要。

在读理科教科书（包括辅导书）的时候，要做到所有概念的盲区都要消除，思维上没有厘清的节点都要打通。这个过程一定是字字斟酌—句句推敲—反反复复—恍然大悟的过程。

孩子就像是突然陷在一个迷宫里，找不到方向，但是稍稍休息一下，继续思考，也许会恍然大悟，一气呵成。从前到后再梳理一下，就彻底融会贯通了。

完成这个过程，不是看一遍课本就能全部掌握的，一定有一个前前后后、进进退退、曲曲折折的波动，到最后，才是恍然大悟的状态。

多数的情况下，很多孩子都做不到我刚刚提到的这种状态，甚至连很多基本概念都没搞清楚，却不加以深入思考。这对理科学习来说，是最大的障碍。孩子通过思考，厘清了知识的内在逻辑，课本上的每一句话都能发自内心地理解和认可，基本上到这个程度就算是完成了精读这一初步任务。

理科的学习，有一个基本的思考方式。执果索因和言必有据互相搭配使用。执果索因是看到结果之后，再一步一步逆推去寻找它的原因，很多时候，理科学习都要用到这种逆推思维。

寻找到原因之后，还需要反过来进行顺序的论证，论证的原理是什么？就是言必有据。推理出来之后，每一步的证明都要有根有据。这是最重要的思考原则。

几何学习中，执果索因的例子是最多的。证明线段、角等问题，经常需要逆推和反证。在实际生活中，这种例子也很常见。比如，一个孩子跑步成绩一直不好，有一天突然跑到第一名，很多人会想探究答案，为什么会有这样的结果？探索原因的动机一下子就强烈了起来。

这个孩子突然有这样的变化，已知的条件是他每天早上早起半小时，结果跑步第一名。这两者之间，有什么样的关系？倒推一下，他可能是利用这半个小时的时间去加强锻炼了。

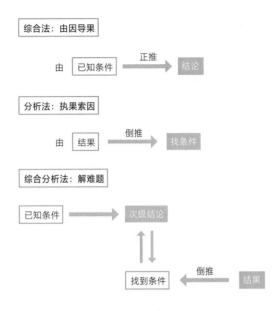

在这个例子中，我们看到了结果，从结果反推原因，那他之前的一系列行为都是反推条件，通过推导，建立完整的证据链，执果索因的过程就完成了。这个过程完成之后，还要求言必有据。通过证据去论证这个结果，比如有同学看到他早上跑步了，那么这个结果从逻辑上就是自洽的。

通过这个例子，我们可以看到，数学在实际生活中的应用。但是，如果一定要求数学有实用价值，就会陷入一个很大的误区。

数学是一个智慧游戏，几何是高级智慧游戏，无法用是否实用去衡量。很多国内教科书的编写，总是摆脱不了过去的实用主义哲学进行诠释。这也是我们文化固有的思维，即一种知识如果没什么实用价值，那学它有什么用？

过去讲几何的时候，说几何是什么？是古人在丈量土地中发现的一些方法，有巨大的实用价值。其实这有点牵强附会。实际上，丈量土地不需要用到系统的几何知识，也能丈量得很精准。

几何在现代教育体系中的价值就是逻辑思维能力的筛查，其知识本身的实用价值并不突出。尤其以尺规作图为代表的几何游戏，更堪称是逻辑思维训练的"广播体操"。几何学得好，就表明一个人逻辑思维能力强。现代社会，对人的逻辑思维能力是有一定要求的。怎么判断一个孩子的逻辑思维能力强不强，能不能学好几何就是一个很好的筛查方式。欧式平面几何是一个最能展现逻辑的高级智慧游戏，数百年来，人们一直用它作为筛选人才逻辑思维能力的标准。

在多年的学习和教学过程中，我发现，数学学习中的提问能力，对引导思考是很有帮助的。我对几何的一些认知，就是在自我提问并不断思索中学到的。

我总结了下面几个小问题，可以让孩子参照一下，锻炼一下自己的提问能力。

首先，要问的是"是什么"。

数学理论有很多概念性的问题，也就是什么是什么的问题。实际应用的时候，一定要搞清基本概念，搞不清楚基本概念，后面的一切学习都无从谈起。

其次，要问的是"为什么"。

数学理论中，概念会组成一个个的命题。所谓命题就是包含判断的论述，数学中的所有的定理都是命题。作为学生就必须搞清楚这个定理为什么是这种论述和判断，也就是搞清楚其中的原理。延伸开来，也包括各种原理的应用，就是为什么这样解题才对。进而还可以延伸到方法论的层面，为什么这种方法对孩子的学习有帮助？多问为什么，是引导孩子从表面看到本质的好方法。

再次，要问的是"能不能"。

这类问题其实就是寻找具体的方法，这道题能不能运用所学知识，不靠老师指点自己找到解答方法？这是知识应用层面的能力，我们说很多自信的人的理念就是方法总比问题多，其实就是在不断探索能不能的过程中收获的自信。

最后，要问的是"还有没有"。

这是最为高级的一类问题，孩子找到方法之后，需要进行更深入的探究。这个问题还有没有更好的答案？有没有更简便的解题思路？等于是培养寻求解决问题最短路径的能力。而这种能力可以说是学霸的标配。

对孩子来说，这四个层次的问题，反映出的其实是一个思维链路，是一个循序渐进的过程，前面两个问题比较基础，一般的孩子都能做到。后面两个问题，需要孩子在学习中不断总结，自己去悟。孩子能把以上问题搞明白，他的数学学习一定非常棒。

3

数学学习的核心环节

每门学科都有独特的核心学习环节，数学学习当然也不例外，这个核心环节，就是孩子一个人进行认真思考，进行自我知识建构的过程。

知识建构的源起和理解

"建构"是一个借用自建筑学的词语，原指建筑的构造过程。包括设计、构建、建造等内容。门、窗、柱、廊、砖等，应该怎么组合运用，才能建造一栋美轮美奂的建筑。引申在学习上，就是把零散的知识逐渐学会并形成完整圆融的体系，并转化为自身能力的过程，这一过程也叫知识的内化。

在构建知识体系的过程中，学生们要把所有知识都思考明白。知识建构的关键环节不是老师讲，而是学生自己去深入思考，也就是俗话说的想和悟。

小学低年级，知识简单，老师上课讲一讲，孩子简单思考就能领会；到了高年级和中学，孩子很难单纯靠课堂听讲就把数学知识学明白。很多父母看到孩子数学成绩不好，首先想到的就是孩子上课没有好好听讲。这个原因在小学还算成立，中学就大概率不成立了。因为数学学习的核心环节，是孩子自己思考的过程。不少学生因为没养成自学自悟的习惯，哪怕课堂上听讲再认真，也总觉得一头雾水。或者上课似乎听得都挺明白，看到习题却都不会做。

吃力不讨好的学习环节

学数学的主要场所其实并非课堂，而是自己的书桌前。回家以后，回到宿舍以后，在自己的书桌前独立认真地深入思考。这个过程别人可以启发，可以帮助，但是无法替代。

但是，深思这个核心学习环节，却很难被外界所精确感知。父母看到孩子一个人坐在那儿拿本书，坐了很久，一个字都不写，一笔都没动，很多父母便觉得孩子是在发呆浪费时间。而对那些书声琅琅或者奋笔疾书的孩子，却总能感到欣慰并赞赏。所以，对很多孩子来说，深入思考是极度费力却又不讨好的一件事，让孩子感觉极度不舒服，还得不到老师家长们的赏识。为什么很多看起来非常勤奋的孩子理科成绩却不佳？并非都是智商的缘故，大概率是因为他们在用行为上的勤奋掩盖思维上的懒惰。

如果父母对此不能加以甄别和引导，孩子勤奋好学的评价机制只是表面看得见的话，很多孩子会陷入自欺欺人的状态。父母盯着他，他就表面努力一下；父母不关注的话，孩子就放飞自我。对父母来说，评价孩子是不是在烧脑状态，其实可以从他的表现上看出一些端倪。

一般情况下，孩子学习时手里会拿笔，自己会在课本上划重点。解题的时候，孩子如果脑子真在想，他会不由自主地在草稿纸上把思路画出来。如果手握的笔压根儿就没动，甚至连动的意思都看不出来，孩子很有可能真的是在偷懒发呆了。所以说，孩子在思考的话，他的手边，多半会有草稿纸，草稿纸上多半会有草图的痕迹。

孩子处于反复画图的状态，就表明他在反复思考，如果没有草稿纸，孩子很可能什么都解答不出来。草稿纸上，反映的是孩子的思路。为什么名家的手稿那么值钱，原因就在这里，这是名家学者最原始的思维数据。通过画图这种形式，孩子的思路被视觉化地呈现出来，把稍纵即逝的灵感固化下来。

很多学生，中学之后理科成绩直线下滑，家长花费重金补课，孩子也没少做题，却难见成效。其主要原因就在于这些学生数学学习核心环节的缺失。数学学习的核心环节是学生在书桌前深入思考进行自我知识建构的过程。课堂听讲只能辅助这一建构过程，而不能取代，课后做题也是为了检验知识建构的稳固程度。很多家长看到孩子数学成绩不佳，就先入为主地认为是数学老师教得不好，怎么办？那就花费重金去报各种课外辅导班。于是在学生仅有的周六、周日和寒暑假，被迫穿梭于各个辅导班之间听课，仅剩的时间还要不停地做题。这么做孩子数学成绩不可能有提升，因为他学数学的核心环节，压根儿就不存在。

学霸脑子里的二级结论

在数学学习上，有很多的二级结论，它不是定理定义，而是定理的推论，是经验总结出的结论，是孩子自我归纳的成果。

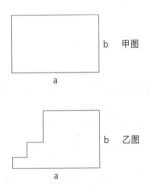

学霸脑子里，能形成很多二级结论，并形成认知。解题的时候，他们看到条件，脑海里就已经有结果了。剩下的解答过程，不过是具体一步一步言必有据地把自己的预设完整推导出来。具体做题的时候，他们靠着这些二级结论，很快就能估出答案。对他们来说，这个过程与其说是解题，不如说是回想和判断。

我所强调的归纳，其实就是多总结二级结论，我一向不赞成孩子刷题，刷题的话这个意识就白费了。学霸的学习方式，是通过第一题总结二级结论，用第二题去印证结论，做第三题的时候，看到题设就能想到结果了。

其实辅导班老师讲的很多解题技巧，都是二级结论。对学生来说，如果是别人教的技巧，永远不会成为学生自身的能力，只有自己归纳出来的二级结论才能成为自身能力的一部分。

孩子在辅导班学了很多解题大招，到了考试的时候却不管用。这是为什么呢？因为老师在讲这个解题大招的时候，他当堂出的所有练习题都是用这个大招能解决的。而学生在考场上面临的困境是面对不同考题，不知道该掏出哪个老师教的大招来应对。所以，只有学生自己归纳出的二级结论才能形成自身的能力。

教孩子学习，教知识是次要的，重要的是给予他们一些可用的方法。通过成就感，激发出孩子学习的热情和意愿。其实，所有学科学习的底层逻辑都是相通的。通过对一门学科的归纳总结，可以很自然地延伸迁移到其他学科。当一个学生觉得自己比别人越来越厉害的时候，成就感就会推动他继续归纳总结，使他进入一种自我激励的良性循环状态。

4

小学该学奥数吗

在小学奥数的学习上，我一直认为，应该一分为二地看，但总体来说没有太多学习的必要性。有些家长让孩子学奥数是因为奥数是小升初时择校的重要指标。有这种实际需求，学一学奥数很正常，但是也要讲究方法和策略。低年级其实没必要学习，还是以夯实基本功和培养孩子自学自悟的学习能力为主。

这两点做到了，临选拔前一年甚至一个学期进行专项的奥数解题技巧培训就可以了。如果基本功不扎实，没有自学自悟的学习能力，哪怕从一年级开始报班学习也很难让家长如愿。如果没有择校考奥数的迫切需求，单纯是为了孩子开发思维、提升数学成绩，尤其是为了给中学之后学数学打基础，我倒觉得没有学习奥数的必要。

原因呢，有两个。

小学奥数整体知识体系层次较低，且知识呈碎片化，较难形成体系

小学阶段的数学，整体的知识层次是较低的，一些小学奥数习题，利用中学之后的知识求解是很方便的，但是明明有更好的数学工具不用，偏偏用一些剑走偏锋的旁门左道来求解，就好比明明有联合收割机却不用，偏偏要用镰刀来收庄稼证明自己能力强、手艺好。一个简单的鸡兔同笼的问题，明明可以用二元一次方程组来解题，非要让孩子假设鸡长四条腿、兔子长两条腿之类的旁门左道思维来解决，其实毫无必要。

《夺宝奇兵》里有一个很经典的镜头，印第安纳·琼斯被一群敌人围追堵截，一个高大威猛并貌似武艺高强的中年壮汉拦住他，一边冷笑，一边挥舞着大刀，那意思是这下你跑不了吧？只见琼斯一脸鄙视地掏出手枪，看都没正眼看对方，随着一声枪响，壮汉立刻应声倒地……

这个镜头我看一次笑一次，大叔的冷兵器用得再娴熟，跟琼斯的热兵器一比，立刻相形见绌。

正是因为小学阶段的数学知识整体层次不高，在低层次的知识体系里再折腾，也不会有什么大成果。且一些奥数学习刻意避开更高级的知识体系（比如代数，多元方程），其知识和解题技巧不可避免地呈现出碎片化的状态，那些貌似灵光一闪的解题招数就好比冷兵器时代的武功，看似花哨，且练成费时费力，但想对抗更高维度

的知识体系却毫无战斗力可言。

不当学习奥数，对多数学生中学后学习数学副作用明显

孩子费时费力在小学学习的大量奥数知识，和中学阶段数学学习没有什么直接联系，可谓屠龙之技。但浪费大量时间、精力其实并不是最麻烦的事情，更糟糕的是，小学阶段，奥数教给孩子的，多数都是解题的小招数，思维的灵活度可以体现得淋漓尽致，但负面的影响，是对孩子系统性思维的严重破坏。尤其是对解奥数题陷入走火入魔的状态的孩子，很难形成数学的大局观，这是奥数对孩子最典型的一个负面影响。

不当学习奥数的本质，是重雕虫小技，轻知识建构。简单来说，就是重术轻道。古人云："有道无术，术尚可求；有术无道，止于术。"长此以往，会让孩子陷入"重解题技巧，轻基本原理"的误区，而这恰恰是中学数学学习的大忌。

5

学好物理的窍门

对如何学好物理，我有很多体会。很乐意分享给喜欢物理、想要在物理上拿高分的孩子们。

我先表明一个观点：物理对高考的重要性越来越重要。

我前段时间看到了一个高中科目难度调查大排名，真没想到，在多数人眼中，难度排在第一位的，竟然是物理。

对调查文章发表评论的绝大部分人深以为然，高度认同。只有极少部分的人反对，说物理太简单了，自己当年没怎么学差不多都能考满分。

这是物理学习的现状，两极分化相当明显。绝大部分学生被物理折磨得痛不欲生，觉得不仅知识太多，关键是那些理论太高深了，怎么努力都学不会。一小部分学生却能轻松应对，觉得学物理比学数学、英语容易多了。

是大部分学生都不够聪明吗？不尽然，是他们没找到正确学习物理的方式，甚至连物理这门学科是干什么的都不知道。

物理是一种世界观，
它是研究世界运行的普遍规律的一门学问

物理的本质，其实就是人是怎么看待这个世界运行规律的。物理学就是研究世界万事万物具有普适性的运行规律。物理学所有的知识理论最终依然是人类的精神活动。所有的定律表面上看是客观真理，实际上还是个人思想的表现。

那么，孩子有没有花心思去琢磨、去思考过这种哲学层面的问题，往往就是物理学习的关键。如果孩子觉得物理就是背定律、记知识点，然后刷题，熟能生巧，想学好物理几乎没有可能。就解题难度而言，数学是难于物理的。为什么这么说？因为数学是思维科学，思维是没有边界的，是不受制约的；物理是自然科学，平常学到的物理学定理、定律，要能符合我们能感知到的自然规律。只要把这些从自然规律中归纳出的物理定理、定律的来龙去脉都真正想明白了，物理考试的出题人想难住学生，几乎是不可能的事情。

多数物理考试的难题，最终只能在反常识上下功夫。

什么意思呢？按照常识去理解，感觉得出这个结果好像不太可能，但是拿物理定律一推导，这样的结果就是一定成立的。

物理是自然哲学

无论物理怎么出题，都跳不出基础理论这个范畴。很多孩子觉得物理太难，其实就是没在物理理论的深入思考上下功夫，没认真思考物理学理论更深层次（哲学层面）的渊源。

我记得当年初中学物理第一堂课"测量"的时候，老师对同学们说："大家一定要记住一个结论，所有的测量都是有误差的。"这个结论，用心学习的学生基本都能记住，却很少有同学在记结论的同时问自己一句：为什么测量一定会有误差？当时是老师把这个问题抛给了全班同学。

班上的好多同学回答，我们的测量仪器不够精确、测量方法不对，等等，都是课本上的答案。

我的答案与众不同，我起身回答说："我觉得测量必有误差，但核心原因不是这些。老师您听我说得有没有道理。我拿一把尺子量这个桌子，量的是桌子的长度吗？不是，我量的其实是这把尺子的长度，尺子和桌子的长度是两码事。既然是两码事，就必然存在着绝对误差。又如我用温度计测量我的体温，测量的是自己身体的温度吗？不是，测量的其实是温度计的温度，温度计的温度和我身体的温度也是两码事，同样必然存在着绝对误差。"

老师听了不禁拍案叫绝，颔首称赞。表扬我说："物理的本质是自然哲学，你的回答已经超越了物理知识，上升到了哲学层面，你能够主动在更高层的思维层次上思考，一定能轻松学好物理。"

物理没有技巧，没有雕虫小技

物理跟数学比较大的一个差别，就是物理当中基本上没有雕虫小技，没有技巧。孩子想追求技巧都很难。

想学好物理的话，需要提出两个问题：第一个是问为什么？第二个是问结论成立的前提条件是什么？

第一个问题比较通俗；第二个问题，是要问在什么条件下，这个结论才能成立。

我一直强调，一切不讲前提条件和适用范围的提问都是不切实际的。所有结论，一定有适用范围和前提条件，这是物理学的特点。如果给物理问题设陷阱，一般也会出现在这里。

学物理的尖子生，学完物理的理论之后，看到身边的万事万物，都会不由自主地问为什么，甚至会用自己学到的物理知识去解释这些事物。这是由物理学理论的普适性决定的。这样的孩子，一定是可以学好物理的。

抓住核心要素，忽略次要因素

"抓住核心因素，忽略次要因素"这两句话，其实是物理学研究的基本方法。学物理的人，都有一个特点，就是对鸡毛蒜皮的小事不太关注，而是十分关注重要的因素和关键节点。

在北京大学里，曾经有过一段中文系的学生和数学系的学生的对话，引发了一个物理系学生的思考。

这句话是，没有任何两片树叶是完全相同的，任何一片树叶每一次飘落的轨迹也不会完全相同。

中文系的学生比较感性，看到落叶，情绪油然而生，他把看到的场景描述出来，带有抒情的意味；数学系的学生比较坚信科学决定论，只要测量精度足够高，根据条件就能算出树叶运行的轨迹，之所以现在不能求解，是因为对影响树叶运动的因素了解不够，初始数值测量不准，导致难以求解。但随着技术的进步这些都能解决。

物理系的学生虽然也笃信科学，却不太相信可以求解出树叶飘落的真实轨迹。为什么算不出来？因为影响因素太多了，人们不可能把所有的因素都找到，如果不忽略掉一些次要因素，抓住主要因素，哪怕是求解一片树叶飘落运动轨迹这么简单的问题，研究起来也令人无从下手。

如果一定要研究，就要试着把跟落叶飘落有关的次要因素忽略掉，比如树叶的形状、材质、空气阻力等。而树叶的质量、地心引力是引起包括落叶在内物体下落的主要因素，也可以称为核心因素。

也就是说，想要得出某个物理学结论，那些对研究结论起决定性作用的因素，一定要抓住；那些对研究结论起次要作用的因素，要适当进行忽略。抓大放小，这就是物理学研究的基本方法。

想学好物理的孩子们，如果能熟练地掌握上面四个窍门，学起物理来就畅通无阻了。

刘老师宝库：普通人学理科没那么难

几乎每一天，我都会和很多的父母、孩子交流学习心得和经验，一个很深刻的体会是，现在的学生跟当年的我们有了很大的不同。这种不同，不仅体现在年龄上、阅历上，更多的是对知识的获取方式、理解角度的不同。

在我看来，很多孩子所接受的教育，是在浪费自己的才华和青春。不是所有的勤奋都有价值。

经过激烈的内卷之后，如今的教育，尤其是高中阶段的教育已经成了高度专业化的训练。所谓的综合素质和个人能力的全面发展之类，最终呈现的效果并不尽如人意。因为大部分的学校，想的都是怎么做对高考有利，怎么做对拿高分有帮助，很少关注孩子正常的认知发展。

我说一个核心的问题，可能会刷新父母和孩子的认知，那就是孩子的学习能力到初二就基本定型。在这之后，主要是技术、纪律、技巧的提升。初二以前，应该着眼于孩子的底层学习能力，诸如阅读能力、写作能力、深度思考能力、自我归纳能力的培养。这些能力汇总在一起，就是我最主张的自我学习能力。对于普通学生来说，到了初二之后，想要提分的话，最好的一种做法就是在技术、纪律和技巧上下功夫。高中阶段的学习，主要是把能力所及的分数全部拿到，超过能力所及的，不要强求。在高中时期想要实现初中阶段那种跨阶层的大逆袭，基本上是很难实现的。

为什么呢？

一方面是因为学习能力基本定型了，可改造和提升的空间不大。另一方面是到了淘汰赛的关键期。要承认，科学化的学习和训练是有效的。高中生在学习的时候，必须得接受专业化训练。名校老师有这样的优势，他会大幅节约学生的试错成本，孩子照着做，训练效果是最明显的。

说到训练，就不得不提目前各个领域都存在的一个巨大的问题，那就是孩子在年龄极小的时候忽视了底层能力的培养，反而接受了过多和年龄不相符的专业化训练。孩子如果过早地进行专业化的学习训练（诸如奥数和不切实际的大幅超前学习，为培优进行的拔高冲刺等），对孩子是一种很大的伤害。那么，伤害具体体现在哪儿？

抢跑的优势是伪优势

我有一位同事的孩子从小打冰球。他说中国孩子小时候打冰球，能把其他国家的孩子打败，可是到了 12 岁以后，胜败形势就会发生逆转。为何前后有这么大的反差？因为我们的孩子小时候接受了冰球的专业训练，诸如技战术的配合等。依靠这个优势，赢那些心智未开、自然生长的外国小球员易如反掌。但是这种优势其实是伪优势，随着别人年龄的成长，优势会越来越小，劣势却越发突出。外国小球员基本都是基于兴趣玩出来的，虽然小时候不专业，但是身体素质非常好，跑动积极。等到了 12 岁还在继续打冰球的孩子基本上都是发自内心地热爱这项运动，且身体素质强悍，球场上滑动如飞，这时候再对他们进行专业化的训练就能如虎添翼；而中国那些早熟的孩子却变得冰场上跑动（滑行）不积极，身体素质也拼不过，落败自然在所难免。

容易让孩子进入学习上的早衰

学习上过早进行专业训练，同样容易让孩子陷入学习上的早衰。本该在培养孩子兴趣和底层素质的时候超前进行了太多的专业化训练，在练功的阶段频繁参加各种比赛，以考代练，以赛代练。其背后往往是家长内心的虚荣与浮躁使然。虽然在小学阶段，让一批既缺乏天赋又没有兴趣的孩子通过这样的训练取得暂时领先，造就了一批带着虚假光环的伪牛娃，等到了青春期就会大批被打回原形。这恰恰应了古语那句话："练武不练功，到老一场空。"

孩子一旦进入早衰状态，对学习的伤害是永久性且不可逆的，很难再弥补回来。因为孩子已经被学习折磨得难有反抗之力。甚至会因为压力过大，而出现焦虑、抑郁的情况。

一个本身没有天赋的孩子，非要强迫他参加训练，他遇到挫折之后，这种假优势的丧失会成为压倒他的最后一根稻草。因为以孩子的实际能力，他无法维持现有的状态，那么就会出现能力焦虑，对孩子的心理产生影响。

看淡一切，毫无动力

孩子本来对自己有所期望，经过训练之后也得到了一点点所谓的优势，但是到最后无法兑现，他们就会很失望。

他们能看到期待的位置，知道应该做些什么，但就是做不到。那种有心无力的感觉一直折磨着他们，慢慢地，他们就表现出不喜欢，给人一种看淡一切、鄙视一切的感觉。

当孩子有了这样的苗头，父母应该引起重视，尽量帮孩子扭转局面。下面是需要关注的几个重点。

停止专业化的训练

如果孩子是因专业化的训练而进入早衰阶段，最直接的办法就是停止这些非必要的训练，减少对孩子的折磨和损耗。

不要给孩子无止境的压力

孩子的心理承受能力有限，本身心理就处于崩溃边缘，再持续给孩子加压的话，孩子很可能彻底崩溃，形成某种难以治愈的心理疾病。

保持底线思维

底线思维我们之前讲过，我们给孩子的培养是为了让孩子的下限较高，而不要期待过高的上限。至于孩子的上限能达到什么程度，那是孩子自己造化和努力的结果，父母不必过于执着。

学习是一场马拉松

我父亲以前鼓励我学习的时候，常说"先胖不算胖，后胖压断床"。他说学习是一场马拉松，前面跑得快，最后不一定能赢。把眼光放长远一些，每个孩子都有机会笑到最后。

第七章

副科不容忽视

1

副科翻车，不可忽视

在孩子的学习中，副科常常被忽视。抑或是副科的学习方法让孩子误入歧途，导致很多孩子在考试时翻车，丢了很多分。

实际上，副科的学习并不像想象中那么难，也不需要死记硬背。

副科成绩好的基础

那些副科成绩好的孩子身上，往往有两个明显的特征：一是知识面宽；二是喜欢思考。

有这样特征的孩子，自然就带有天然的优势。因为他们看的那些自然类的书，已经大致涵盖了初中的历史、地理、生物等课本的知识范畴。到了中学课堂上，这些孩子已经不是进行单纯的知识积累了，而是已经初步完成知识积累，只要跟着老师，把知识进一步系统化。相对那些知识面窄的学生，学习负担自然要小得多。

那些小时候不喜欢看科技类课外书的孩子，知识面比较窄，到了中学，要同时完成知识积累和知识系统化的过程。同时这些孩子对科技类的书本来就没有兴趣，不喜欢读，不愿意读，自身抵触的情况下完成比别人负担更重的学习任务，效果可想而知。

那些小时候广泛阅读科普类书籍，知识面宽的孩子，到了初中学习副科时，基本不用花费太多时间和精力，都能取得十分优异的成绩。这并非单纯是因为他们头脑聪明，而是因为长久以来主动思考的习惯，早已让他们明白一个道理，那就是所有知识都是学会的，而不是背会的。

很多家长当年学习副科的认知就是这些学科需要背记的内容太多，压根儿没想到这些知识和数学、物理一样需要进行原理性的思考和理解。自己当年背了半天依然成绩不佳，便误以为是自己的记忆力差或者背记的功夫还没下到位，等到了孩子这一代，为了追求好成绩甚至要求孩子在小学就开始背初中副科的各种知识点，堪称家庭恶性循环的典范。

比如，什么叫迎风坡，什么叫锋面雨，什么叫信风带，为什么迎风坡会有降雨，降雨的原理是什么？地球上为什么会有信风带，为什么叫信风？世界四大渔场是哪些？为什么这样的海域会形成鱼汛？这些知识孩子要想彻底明白并牢记，就要理解它们背后的原理（暖湿气流沿着山坡上升，随着高度增加温度下降，使得气流中的水蒸气凝结并形成降雨，寒暖流交汇导致富含营养的海底沉积物上翻，并引发微生物的繁盛，进而引发以微生物为食物的其他小型海洋生物的繁盛，进而引来更高层食物链的大量鱼群……），不是只靠死记硬背的。死记硬背得到的知识，都是死知识，随时都会遗忘。理解之后掌握的知识，记忆会非常牢固。

学习副科的原则

如果孩子在小学时确实没有这么丰富的知识，那么到了中学时学习副科，一定要遵守一个原则——知识是学明白的，不是背明白的，平时要以学习理解为主，考试前按照考试的要求强化记忆。

平时一定是多学多思，而不是多背。对那些孩子刚上五、六年级就让他们背初中副科知识点的父母，我只能说请停止你们实力坑娃的行为。

再强调一点，副科在初中阶段对孩子学习能力的要求真的没有主科那么高。如果孩子努力了也学不好副科，一个原因可能是学习方法不对，这一点我之前的论述可以解决。另一个原因可能是父母不爱听的，就是孩子学习能力真的不足。

因为主科成绩的权重比更高，孩子只能把更多时间和精力投入进来，所以成绩表现尚可。但副科分配的时间和精力不足，成绩拉胯是必然的。

我曾经见过很多父母，说孩子的生物、历史、地理成绩不行，我拿过孩子的成绩单一看，都不好意思说，其实他的数学、物理、语文也基本都不太行。这是孩子单纯学不好副科吗？他是什么都学不好。

具体来说的话，在学习副科方面，有几个小方法。

地理

地理这科，要多看地图，爱看、会看地图的孩子，地理一般都学得好；不会看地图的孩子，学起来就比较困难。

生物

生物这科，如果孩子本身就喜欢动物，喜欢植物，爱养些花花草草，爱养鱼，爱养猫养狗什么的，他会占据很大的学习优势，因为他会仔细地研究动物和植物。

历史

历史这科，对于孩子来说，相对于地理、生物，更枯燥一些。因为孩子更多是看未来的，年轻人对过去的历史没太大兴趣很正常。男人到了中年，都会天然地对历史感兴趣，这其实是怀旧的心理使然。多数学生的历史知识都是碎片化的，很难形成延绵成线的系统知识脉络，至于构建宏大的历史观更是无从谈起。那不妨多用历史上知名人物的生动故事以点带面地打动他们对历史的兴趣。

2

孩子在不同阶段的运动目标

运动对于孩子的重要性，我不止一次强调过。我小时候确实因运动受益，现在也带着自己的孩子一起运动来强身健体。不仅仅是为了应对已经被纳入中考且权重不断加大的体育考试，也是为了保持充足的精力应对高强度的学习，从长远来看更能受益终身。

从运动的角度来说，我有一个观点，就是孩子在什么阶段就做什么事。

小学中低年级

小学中低年级的孩子，自然运动，疯玩，该玩就玩，该学就学，多玩少学。因为这个阶段逼着孩子在低层次知识体系里反复折腾也没多大的意义，孩子的收获跟付出完全不成正比，差不多就行了。而体育运动可以通过和小伙伴户外玩耍自然获得，锻炼身体的同时还增强了孩子的社交能力。并不需要过早地把孩子关起来进行专业的体能和健身训练。当然，诸如游泳等重要技能的学习训练我是支持的。

小学高年级

小学高年级，该学就学，该玩就玩，学习优先，但是也得保证必要的娱乐和运动。这时候可以开展初步的体能耐力和肌肉训练。成败的关键不在于给孩子报多少昂贵的专业训练班，而在于家长自己别犯懒，主动陪着孩子到操场跑步，到楼下跳绳，一起健身，互相促进。

初中

初中阶段，单纯的娱乐基本上就从初中生的生活中逐步淡出了，生活节奏变成了该学习就学习，该运动就运动。以学习为主，辅以适当的运动，学习要做到张弛有度，运动要做到持之以恒。双管齐下，互相促进。

高中

高中阶段，运动是为了更好地努力学习。高中是一个人为数不多的公平风口，多数人可能最大的悲哀就是一辈子都没有风口。高考给了所有高中生均等的机会，这个时候不努力更待何时，尽管高考没有体育分数，但是加强运动却不能松懈，运动是为了更好地努力学习。

虽然中高考对一个人一生的影响至关重要，却有很多孩子无奈地主动退出了中高考冲刺的竞争行列。因为他们到了初三、高三，繁重的学习任务使得自身的精力有限。每天睡觉都睡不醒，有一种被别人推着往前走的感觉，一直在被动地完成学习任务。人在这种状态下，几乎任何事情都难以做好。归根结底，还是小时候家长忽视了孩子的体育锻炼，导致体质较差。

对于体育运动，我想提几点忠告。

如果孩子不愿意运动，尤其是男孩子不想运动，父亲很有必要跟孩子一起运动。

在小学低年级，不用进行过早的专业运动，疯玩儿就好，这是最好的运动。

到了高年级，孩子开始发育，这时要进行一定的专业体能训练、肌肉训练。孩子自控力不足，尤其是父亲，应该多陪孩子一起运动；不仅能让孩子精力充沛，还有一个现实的好处就是不受人欺负。

那些校园霸凌事件，施暴者都不会找比较强壮的孩子下手，通常都是欺凌弱者。孩子不欺负别人，但也不能被别人欺负，有了强壮的身体，孩子至少可以做到自我保护。

以我自身经历来看，在著名的北京四中和北大校园里，这些令无数家长羡慕的超级学霸，并非很多人想象中的书呆子，反而是身体素质超强。极少出现肥胖和过于瘦弱的身材，矍铄目光的背后是康健的身体。身体是革命的本钱，只有保持好身体，才能有精力更好地学习和工作。所以，千万不要忽视体育运动。

3

身体健康 ≠ 体育成绩好

我身边有很多孩子，身体看起来很好，但是体育考试的分数却总是上不去。他们的父母对此倍感困惑。

那是因为身体健康和体育成绩好并不能完全画等号。身体健康是身体的各项指标合格，体育成绩则跟身体素质、肌肉量、爆发力、耐力等有关。

以获得体育高分为目标的话，父母需要知道以下几个要点。

提前了解评测标准

看到孩子身体好，就以为体育成绩好的父母，其实是不了解体育考试的评测标准，不知道孩子需要进行哪些训练才能有助于体育考试获得高分。甚至有些父母，等学校通知快要考试的时候，才知道具体需要考哪些项目。在这种情况下，孩子自然是一直缺乏针对性的训练。

比如，引体向上要做13个才能满分，父母知道这个标准之后，就不能等到初三再督促孩子去做。而是一上初中就尽早指导孩子进行针对性的臂力锻炼。

当然，在不同的省市，测评项目及标准都有所不同，总之都要提前了解，做好规划，不要等到火烧眉毛了才着急。

肌肉、力量的训练

我向很多父母都提出过一个相同的问题："你们知道哪个学科是不能临时抱佛脚的吗？"有的说数学，有的说语文，我告诉他们，都不对，最不能临时抱佛脚的学科是体育。

体育运动是需要日积月累的，无论是肌肉还是力量，都有一个厚积薄发的过程，没有量变到质变的进化，孩子的体育成绩一定上不去。

我的建议是，孩子们除了打球之类的娱乐项目，还要刻意地进行肌肉力量训练，而且在初中阶段就一定要开始。力量型和耐力型项目是很难在短时间内提升的，比较常用的训练手段有哑铃操和做俯卧撑等，并不需要很宽敞的场所就能进行。

什么样的项目可以跟孩子的中考科目结合起来，可以提高孩子的考试成绩，就去做什么样的刻意训练。这不仅是为了考试成功，这种力量训练、体能训练，对个人的精力也是一种保证。

长跑练习

初中生体育考试最大的挑战往往来自耐力项目，比如长跑。

除了缺乏锻炼导致身体素质差以外，很多孩子长跑成绩不佳也和不会分配体力、不会调整呼吸节奏有关。长跑最痛苦的环节就是极点阶段。想要突破极点，刚开始一定不能全力呼吸，可能是三步一呼，三步一吸，跑到一半的时候调成两步一呼，两步一吸，最后冲刺的时候，全都大口加速呼吸就是了。

只要孩子通过长期锻炼有了一定的耐力基础，再学会体能分配和调整呼吸节奏，长跑测试获得高分甚至满分并非难事。而且力量和耐力项目一旦训练出来，成绩发挥会异常稳定。跳绳这种技巧性的项目有可能发挥失常，动作失误，但力量和耐力项目基本没有失手这一说。

其他运动锻炼

引体向上是需要长期坚持才能看到效果的，一般至少要提前一年做筹划才能真正看到成果。

而且，按如今的体育评价机制，做引体向上时，体重轻更占优势，想必大家都能理解这一点。所以一定要管住孩子的嘴，不要让孩子的体形肥胖！

跳绳这个技巧性的科目，倒是不用那么长的时间去准备，一般三四个月的时间，就足够了。

部分父母，选择一些娱乐性质的运动跟孩子一起锻炼，比如打羽毛球。这些运动虽然也很好，但是娱乐性质的体育活动，与考试的要求是有差别的。所以，我并不建议父母以娱乐性质的运动取代刻意的身体锻炼。

中考中体育所占的比例越来越大，分数越来越高，父母真的要未雨绸缪，给孩子做好计划，这是确实可以锻炼出来的，是实实在在可以拿到的分数。如果临时抱佛脚的话，大概率会以失败告终。

刘老师宝库：
父亲是如何督促我锻炼身体的

在我们家，体育运动是一种很好的传承，父亲陪我，我陪儿子。尤其是父亲对我的督促、鼓励和陪伴，让我受用至今，也感动至今。

小时候我很瘦弱，父亲给我买哑铃、自制卷绳器、陪我做俯卧撑和跑步，等等。在我初三之前，父亲一直陪着我运动，母亲也一直很鼓励我。

在锻炼身体这一点上，我的父母有出奇一致的观点。他们对学习的要求不是非常严苛，却认为身体好是最重要的事。他们认为，在我没出什么成绩、看不出天赋所在、不知道未来的发展方向之前，最稳妥、最有价值的投资，就是锻炼身体。等我显现出是一块学习的好坯子的时候，再把重心转移到学习上也不迟。在他们的这种教育模式下，我的身体健康了，学习也好了。这就是我常说的，身体是精力的载体，是学习的保障。

当然，懒惰几乎是每一个孩子都难以克服的缺点。有一段时间，我偷懒，没把运动坚持下去，有将近一个月都没运动。后来发生了一件小事情，让我很受刺激，又咬牙恢复了运动。

记得有一次在看电视的时候，正好在播放一部美国警匪片。一个匪徒作案之后回到自己的老窝，第一件事就是脱了衣服，拿起哑铃运动。我父亲说："连一个当贼的都知道锻炼身体，不然连贼都当不好。"这个镜头和父亲的话让我铭记至今。

经过长期的持续运动之后，我意识到体育运动不仅能增强意志力，也能让自己的精力更有保障。具体的体现就是精神好，每天那么高强度的学习，我始终能保持精神饱满，不觉得身体上有疲惫感。

回想学生时期，我从来没有学累了的感觉。我原本以为每个孩子都跟我一样，不会觉得累，后来发现事实并不是这样。我身边的很多同龄人，均真真切切地感受到身心的疲惫。这就更加坚定了我进行体育运动的决心。

在北京四中读书的时候，我们一般每天都有两节体育课。这可是当时北京最好的中学，都是尖子生，时间宝贵，可是学校依然要这样安排课程。

当时，我们是两节体育课连上，训练强度大到惊人，体育课之后的那节课，几乎没人能正常听课。但是，天天这么练，时间长了，我们也就习以为常了，在这个过程中，学生们的意志力和身体素质都得到了有效提升。

如今，我跟爱人对我们的孩子，同样抱着我父母对我的培养态度。

在这里，我也想给各位父母一个建议：孩子小时候，如果看不出他在哪方面有天赋，不妨先让他锻炼好身体，这肯定是有百利而无一害的事情。

对学习做投资，不一定会有回报；但对身体做投资，一定会有收获，而且投入产出比更高。

后记

刘老师给孩子们的建议

过去的时代，社会精英也好，社会的管理者也罢，本质上都是权力的拥有者，所有资源都围绕着权力进行分配。而在未来的趋势里，去中心化将是主流。未来的时代，是驱动优化的时代，是加速融合的时代。只要你是具备与众不同的优势的人才，就一定不会被埋没。

通过同声传译技术，世界上的任何两点之间，都可以即时互通有无。这种技术发展到最后，人类的语言可能只剩一种，它不一定是英语，也不一定是汉语，而是大家共同选择出的一种相互融合的通用语言。到最后，世界上所有的民族都将融合在一起，成为一个超大的民族。人人都会在未来世界留下自己的印记，但人人也都留不下印记。

未来的竞争，将会是更加纯粹的科技竞争。最终的结果，一定是不以人的意志为转移的先进淘汰落后。当然，在激烈竞争中也难免爆发激烈的碰撞，如果我们人类能够度过冲突和碰撞带来的危机，也许可以实现真正的地球文明统一。

为什么很多家庭明明生活已经很好了，父母还要逼着孩子努力学习成为精英人才？因为他们隐隐意识到，依靠已有的家庭资源，虽可以在自己的一亩三分地里悠闲自在地生活，但下一代人可能就不行了。个人无可替代的竞争力显得越来越重要，而大多数重复性的低技术含量的工作岗位可能会被人工智能取代。一个缺乏核心技能的人，上不能跻身精英，下比不过不知疲倦的机器，边缘化不可避免。想到这些，怎能让父母不逼着孩子努力上进？

在一个去中心化、个体崛起的时代，我们的孩子们，需要具备哪些能力呢？

1. 沟通能力

未来社会，孩子最重要的是沟通能力。随着网络的发达，人和人之间单点的沟通会变得越来越畅通。这种连接编织在一起，形成一种去中心化却又无时无刻不在形成新的信息焦点掀起风暴的环境。这张无形的社交网将是主宰世界的第一条信息通路。

2. 独立思考能力

在未来的学习中，孩子需要比现在更加强大的独立思考能力，无论是老师的话，还是父母的话，未必都是正确的，孩子都需要进行辨析，独立做出自己的选择。

3. 设计机器运行规则能力

未来社会，多数重复性的低价值工作，一定会被机器取代。那些给机器设计规则的人，同时是在设计未来世界，掌控未来世界的人。

4. 利他的能力

未来的时代，每个人都可能互相影响，进而影响整个时代的走向。每个人都能成为给未来世界发展做出核心贡献的一分子。靠一个英雄人物的一己之力改变历史的情况，以前有，现在也有，未来依然会有，但未来的英雄不再是单纯依靠自身的力量，而是依托网络引领并汇聚起巨大力量的那些英雄。未来是一个人人为我，我为人人的时代。

5. 玩儿的能力

未来的时代，机器替代大部分的人的劳动，90% 以上的人，只需要负责玩儿，所以把玩儿的某些事情做到极致也会成为社会的焦点人物，会玩儿将是未来社会最重要的能力之一。人活着一定要做一个有趣的人。倘若无趣，那便只叫活着；有趣，才叫生活。

伴随着各项技术的迅猛发展，在不久的将来，第四次工业革命一定会迅猛到来。这次工业革命，会为人类解决三个巨大的难题。

热核聚变

热核聚变的发生，让无限能源变成可能，人类将不再受制于有限的资源。

量子计算

量子计算成为现实，将大大解决算力问题，提升计算的速度，让社会生产的其他事变得更高效。

基因工程

在未来这样一个不愁吃穿的社会里，谁都想多活几年。基因工程的出现，也许可以造就长生不老的传奇。

那么，在未来这样一个充满新技术、充斥新惊喜的社会里，中国存在什么优势呢？

太空探索

现在主要大国在太空领域的巨大优势，依然会继续存在，我国虽然会面临强大的竞争，但这个领域的优势不会轻易被撼动。

AI 设计

AI 替代的，都是不用动脑的人和事，是符合未来发展的基本趋势的。中国的 AI 技术，已经在多个领域运用并快速持续发展，未来发展可期。

未来已来，孩子们要张开怀抱迎接。给你们的建议，其实是我个人对未来趋势的一些理解。期待和孩子们一起，在新技术引领的潮流中，携手共进！

图书在版编目（CIP）数据

自主学习力 / 刘威著 . —北京：台海出版社，
2023.4
　　ISBN 978-7-5168-3503-6

　　Ⅰ . ①自 … Ⅱ . ①刘 … Ⅲ . ①学习兴趣－家庭教育
Ⅳ . ① G 782 ② G 442

　　中国国家版本馆 CIP 数据核字（2023）第 033542 号

自主学习力

著　者：刘　威

出 版 人：蔡　旭　　　　　　　　责任编辑：俞滟荣

出版发行：台海出版社
地　　址：北京市东城区景山东街 20 号　　　邮政编码：100009
电　　话：010-64041652（发行，邮购）
传　　真：010-84045799（总编室）
网　　址：www.taimeng.org.cn/thcbs/default.htm
E－m a i l：thcbs@126.com

经　　销：全国各地新华书店
印　　刷：北京世纪恒宇印刷有限公司
本书如有破损、缺页、装订错误，请与本社联系调换

开　　本：880 毫米 × 1230 毫米　　　1/32
字　　数：166 千字　　　　　　　　　印　张：7.75
版　　次：2023 年 4 月第 1 版　　　　印　次：2023 年 4 月第 1 次印刷
书　　号：ISBN 978-7-5168-3503-6

定　　价：59.80 元